Johann Nestroy

Die verhängnissvolle Faschingsnacht

Posse mit Gesang in drei Aufzügen

Johann Nestroy

Die verhängnissvolle Faschingsnacht
Posse mit Gesang in drei Aufzügen

ISBN/EAN: 9783744631389

Hergestellt in Europa, USA, Kanada, Australien, Japan

Cover: Foto ©Thomas Meinert / pixelio.de

Weitere Bücher finden Sie auf **www.hansebooks.com**

Johann Nestroÿ's

Possen

Herausgegeben von

Ludwig Gottsleben

Die verhängnisvolle Faschingsnacht.

Posse mit Gesang in 3 Aufzügen.

BERLIN LEIPZIG WIEN

ALFRED H. FRIED & Cie

Die verhängnißvolle Faschingsnacht.

Posse mit Gesang in drei Aufzügen

von

J. Nestroy.

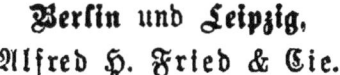

Berlin und Leipzig,
Alfred H. Fried & Cie.

Perſonen:

Tatelhuber, ein Pächter vom Lande.

Philipp, ſein Sohn.

Helene, deſſen Frau.

Sepherl, Magd ⎫
Roſine, Kammerjungfer ⎬ in Philipps Hauſe.
Heinrich ⎭

Herr von Geck.

Gottlieb Taubenherz, Bruder von Helenens
    verſtorbenem Manne.

Frau von Schimmerglanz.

Ein Bedienter.

Lorenz, ⎫ Holzhacker.
Jakob, ⎭

Katherl, Jakob's Weib.

Nani, eine Wäſcherin.

Schneck, ⎫ Nachtwächter.
Luchs, ⎭

Frau Mühlerin, eine Bürgersfrau.

Frau Everl, ⎫ Kräutlerinnen.
Frau Regerl, ⎭

Marktleute.

Dienſtboten.

Philipps Nachbarn.

Erster Aufzug.

(Ein Marktplatz in einer großen Stadt. Marktweiber und Bauersleute sitzen mit grüner Waare, Eiern, Hühnern ꝛc. herum. Dienstboten und Frauen gehen hin und her und kaufen ein. Vorne rechts ist der Marktstand der Everl, neben ihr, weiter zurück, sitzt Regerl.)

Scene 1.

Bauersleute. Marktweiber. Dienstboten. Frauen.
Everl. Regerl.

Chor der Marktleute (ausrufend).

Schöne Erdäpfel hält' ich da und ein'n Spenat,
Ein'n prächtigen Kelch oder ein Hapelsalat!
Gute Schwammerln und Hendeln, so fett, wie die Gäns',
Ein'n Butter, ein'n frischen, a Antel, a schön's!

Die Dienstboten.

Wann's Eure Waar' verkaufen wollt's,
Macht's billiger die Preis',
Ihr wißt nicht, was's begehren sollt's,
Das ist ja aus der Weis'.

Die Marktleute (unter sich).

Weg'n ein'm Kreuzer thun's handeln, 's ist schrecklich, auf
Ehr',
's wär' nöthig, man gäbet geschenkt Alles her.

Die Dienstboten (unter sich).

Bei All'n muß man handeln, sonst wär's ein Malheur,
Wo nehmeten wir uns're Marktgroschen her?

Scene 2.

Vorige. Sepherl.

(Das Marktgewühl dauert während der folgenden Scenen fort, zieht sich aber mehr nach dem Hintergrunde.)

Sepherl (eilig aus der Mitte vorkommend). Da bin ich schon wieder, Frau Everl.

Everl. Zum zweiten Mal'. Ein'n guten Morgen hab'

ich der Jungfer schon gewunschen heut; ich weiß wirklich nicht, was ich der Jungfer jetzt wünschen soll.

Sepherl. Einen bessern Dienst. Unter uns g'sagt, es ist nicht meine Sach', meine Herrenleut' ausz'richten, aber ich weiß, d' Frau Everl meint's gut mit mir.

Everl. Na, ich glaub's; aber die Welt sieht's gar nicht ein, was ich für a Herz hab'.

Sepherl. Ich gewiß, und es thut mir wohl, wenn ich mich gegen d' Frau Everl recht ausreden kann. Eine gelbe Rüben brauch' ich, daß ich nicht vergiß; unsere Köchin hat wieder nicht denkt d'rauf. Ich sag' Ihnen, es ist schrecklich mit der Person, ich muß immer laufen für sie; früher hat's ein'n Liebhaber g'habt, der hat's sitzen lassen; jetzt trinkt's; was sie früher aus Glückseligkeit vergessen hat, das vergißt's jetzt aus Desperation. Und ich wollt' noch nix sagen, wenn nur erkennt wär', was man thut; und ich wollt' noch nix sagen, wenn Ein'm nur die Frau a Bissel besser behandelt'; aber die Ausdrück', die man hört — ich begreif' gar nicht, wo so a noble Frau das Alles her hat: Trabant, Landpatsch, Trampel, das sein noch die besten Wörter, die ich krieg'. Und ich wollt' noch nix sagen, wenn's nur das Kind nicht gar a so verzieheten. Alles was recht ist, ich hab' gewiß auch die Kinder gern und thu' ihnen alles Mögliche, aber wie die's treiben mit dem Kind, und was 's ihm für Kaprizen ang'wöhnen — jetzt ist das Kind zehn Monat' alt, und sekirt' schon 's ganze Haus. Kindsfrau halt't es gar keine aus; vor acht Tagen ist die letzte ausg'standen, weil's zu viel ausg'standen hat; das fallt auch jetzt Alles auf mich, und ich wollt' noch nix sagen — was kost't denn die gelbe Rüben? daß ich nicht Ein's in's Andere red'.

Everl. Zwei Kreuzer 's Stückel. (Indem sie von Sepherl das Geld bekommt.) So saget ich halt auf.

Sepherl (indem sie die gelbe Rübe in den Korb legt). Mein liebe Frau Everl, man kann nicht immer, wie man will.

Everl. Und nur zu keine reichen Leut' in Dienst geh'n. In Häusern, wo's lustig leben, aber dabei d'rin stecken bis über die Ohren, wo der Dienstbot' in der Früh' Gläubiger abweisen, Vormittag in's Versatzamt laufen und Nachmittag auf'm Tandelmarkt was verkümmeln muß, da ist ja der Dienstbot' viel mehr geachtet.

Sepherl. Nein, da wär' ich gar nix dazu. — Champignons haben's keine?

Everl. Die kriegen's da drüben bei der Sandel, prächtige. (Zeigt nach links in den Vordergrund hinein.)

Sepherl. Behüt die Frau Everl Gott! Und wenn's ihn sehen, alles Schöne; ich muß mich tummeln nach Haus, die Frau könnt' wild werden, nachher krieget ich's schön. Ades, meine liebe Frau Everl! (Im Vordergrunde links ab).

Everl. B'hüt' d'Jungfer! (Zu ihrer Nachbarin.) Recht a gute Seel' das; freilich, man kann keinem Menschen in's Herz schau'n, viel weniger in die Seel', denn die steckt noch hinter dem Herzen.

Scene 3.

Vorige. Tatelhuber (rechts aus dem Vordergrunde).

Tatelhuber. Sepherl! — Das ist ja die Sepherl g'west, wenn ich nicht irre! (Steigt, indem er sich auf die Zehen stellt, um das Gewühl im Hintergrunde zu übersehen, in einen vorne stehenden Korb mit Salat.)

Everl. Ob's auffigeh'n aus'm Salat?

Tatelhuber (zu den Marktweibern). Ruft's mir die Sepherl her!

Regerl (ruft). He, Jungfer!

Everl (zu Tatelhuber, der noch immer in dem Korbe steht). Wie g'schieht denn dem Herrn in mein'm Antivi?

Tatelhuber (bemerkt jetzt erst, wo er steht, heraussteigend). Nicht bös sein, Frauerl, ich hab' auf den Dienstboten g'schaut. (Giebt ihr Geld.)

Everl. Ich küss' d'Hand, Euer Excellenz. (Nach dem Vordergrunde links zeigend). Sehens, da kommt der Gegenstand.

Scene 4.

Vorige. Sepherl.

Sepherl. Was ist denn? Was ist denn? (Tatelhuber erblickend.) Herr von Tatelhuber?!

Tatelhuber. Sepherl!

Sepherl (ihm voll Freude die Hand küssend). Mein Wohlthäter!

Regerl. Ah, da schaut's her!

Everl (zu Regerl). Ihr Wohlthäter! Da hast es! Jetzt siehst es! Schau, schau, wie der Wind weh't!

Tatelhuber. Nein, der Zufall! Ich komm' herein, meinen Sohn zu besuchen —

Sepherl. Das ist eine Ueberraschung zum Fasching=montag.

Tatelhuber (fortfahrend). Und das Erste, was ich begegne, wie ich vom Wagen absteig', bist Du. Wenn ich abergläubisch wäre, so saget ich, das muß was bedeuten.

Sepherl. Was Uebles gewiß nicht.

Tatelhuber. Gewöhnlich bedeutet so ein Zufall Schnee, besonders wenn er sich im Februar ereignet.

Sepherl. Was macht denn die Frau Dorothee?

Tatelhuber. Meine Wirthschafterin? Mit der hat die Zeit so gewirthschaft't, daß sie sich bald das ganze Leben erspart haben wird.

Sepherl. Die gute Frau war immer so bös mit mir, aber das war g'rad gut, so hab' ich was gelernt und bin brav worden; nächst Ihnen, der Sie mich als Waisenkind in Ihr Haus genommen und auferzogen haben, bin ich ihr am meisten Dank schuldig.

Tatelhuber. A g'scheite Person ist sie. Sie hat mir auch vor anderthalb Jahren den Rath gegeben, daß ich Dich zu mein'n Sohn herein in'n Dienst schicken soll, daß Du was kennen lernst in der Welt.

Sepherl. Da kann ich ihr nur für die gute Meinung dankbar sein.

Tatelhuber. Was? Hast Du's nicht gut im Haus meines Sohnes?

Sepherl. Die Frau! Die Frau! Wie die mich sekirt, das ist aus der Weis'!

Tatelhuber. Daß doch die Frauen ewig gegen die Dienstboten sind; da sind wir Herren doch nicht so ungerecht gegen Euch. Wenn wir sehen, daß ein Dienstbot' nur willig ist, da können wir nicht hartherzig sein. — Nimmt sich denn mein Sohn nicht an um Dich?

Sepherl. Jetzt hören's auf! Der wär' froh, wenn sich wer um ihn annehmet. Das werden's doch schon lang' wissen, daß diese Eh' nicht glücklich ausg'fallen ist?

Tatelhuber. Das hab' ich der Eh' schon eh' an=g'seh'n, eh' die Eh' g'schlossen war; hab' ihm auch genug widerrathen; aber die Lieb' —

Sepherl. Ja, die Lieb' — die Lieb', das ist die Köchin, die am meisten anrichtet in der Welt.

Tatelhuber. Ich will hoffen, daß Du von der Lieb' nicht mehr weißt, als der Blinde von der Farb'!

Sepherl. Grad' soviel. Die Blinden kennen die Farben durch's Gefühl, und auf dieselbe Art hab' ich die Lieb' kennen g'lernt.

Tatelhuber. Sepherl, Sepherl! Hm, hm, das thut mich völlig überraschen, daß Du so eine gefühlvolle Sepherl bist. —

Sepherl. Sie sein doch nicht bös deswegen?

Tatelhuber. Nein, garnicht. Warum sollt' ich bös sein? — Aber Du hätt'st schon noch Zeit g'habt mit solche Dalfereien. Ich hab' Dich in die Stadt hereingegeben, daß Du's Hauswesen kennen lernst, und nicht —

Sepherl. Die Lieb' ist das Wichtigste im ganzen Hauswesen; wo sich die einmal empfiehlt, da geht die ganze Wirthschaft konfus, das sieht man bei Ihrem Herrn Sohn und Ihrer Schwiegertochter.

Tatelhuber. Jetzt will's mir begreiflich machen, sie hat sich blos wegen dem Hauswesen verliebt! — Madel! Madel! — Und wer wär' denn hernach Derjenige?

Sepherl (etwas verlegen). Er ist — er ist — Lorenz heißt er.

Tatelhuber. Na ja, aber von dem, daß er ein Lorenz ist, von dem könnt's noch nicht leben. Was ist er denn?

Sepherl. Er ist — wie sag' ich's denn geschwind — er war früher Mitarbeiter des Phorns.

Tatelhuber. Ph o r s Ist das ein Journal?

Sepherl. Es ist   ...nstalt, wo's kleine Holz ge= macht wird.

Tatelhuber (befremdet). Und was ist er jetzt?

Sepherl. Er ist ausgreten aus dieser Anstalt und betreibt jetzt dasselbe Ges   äsüür sich.

Tatelhuber. Das klingt charadenartig; die Auflösung wird doch nicht Holzhacker sein?

Sepherl (nicht verlegen). Ja.

Tatelhuber. Aber Sepherl! Wie kann man einen Holzhacker lieben? Du bist zwar auch nicht viel; aber ein Holzhacker ist doch weit unter Dir.

Sepherl. Bei der Lieb' muß man die Augen niederschlagen, und da geschieht's denn leicht, daß sie auf einen Gegenstand fallen, der unter Einem ist.

Tatelhuber (für sich). Sie hat halt alleweil Recht.

Sepherl. Gewiß, Herr von Tatelhuber, ich hab' nicht unrecht gewählt. Er ist ein braver Mensch, hat's Herz am rechten Fleck, und hat ein ungeheures Ehrgefühl; er ist zwar barsch, aber doch gut dabei, und aus seinem Aug' blitzt ein Feuer, welches deutlich spricht: Ich bin zu etwas Höherem geboren.

Tatelhuber. Du malst das Bild dieses Holzhackers so schön — Schade, daß Du nicht in der niederländischen Schul' bist, Du müßtest den ersten Preis kriegen. Jetzt führ' mich zu meinem Sohn, da werd' ich auch nicht viel Angenehmes erfahren. (Für sich, indem er mit Sepherl abgeht). Ich hab's recht gut troffen, daß ich hereinkommen bin in die Stadt.

(Beide links im Hintergrunde ab).

Scene 5.

Vorige, ohne **Tatelhuber** und **Sepherl**.

Everl. Na ja, da haben wir's. Hat b' Frau Regerl Alles g'hört?

Regerl. Halben Theil.

Everl. Na, und b' andere Hälfte hab' ich verstanden. Das Ganze muß der Herr Lorenz erfahren. So ein Mann darf nicht betrogen werden, ohne daß man ihm's sagt, das lasset mein Herz in keinem Fall zu. — Da kommt er. Schad', daß er nicht um fünf Minuten früher kommen ist da hätt' mein Herz ein rechte Freud' g'habt.

Scene 6.

Vorige. **Lorenz.**

Lorenz (hat die Holzaxt auf der Achsel hängen, aus dem Hintergrunde rechts).

Lied.

Unser G'schäft ist zwar grob, doch von viel feine Leut'
Wird der Holzhacker oft um seine Arbeit beneid't;
Zehn Fräulein kommen in a Gewölb und suchen was aus,
Lassen Alles sich zeigen, kaufen nix, geh'n wieder h'naus,

Da brummt dann der Kaufmann in Nesseln vergrab'n:
Lieber Holz hacken, als solche Kundschaften zu hab'n.

Manches Fräulein ras't um auf'm Klavier, ja, das geht
Mit viel anderster, als wenn's ein Holzhacker thät.
Der Lehrer sagt immer: „Ich bitt', nur Gefühl!"
Doch b' Mama sagt: „Mein' Tochter kann spiel'n, wie sie
                                                    will."
Da seufzt der Klaviermeister oft nebenher:
„Lieber Holz hacken, als Lection geben bei der!"

A Putzgretel, die schon vor etliche Jahr
Majorenn, notabene, zum zweiten Mal war,
Alle Tag' ihr'n Friseur bis auf's Blut fast sekirt,
Weil b' Frisur nie so g'rath, daß ihr G'sicht reizend wird.
Da thut der Friseur oft im Still'n raisonniren:
Lieber Holz hacken, als so a Urschel frisiren.

Everl. Herr Lorenz, ich hab' die Ehr', einen guten
Morgen zu wünschen.

Lorenz (ohne viel Notiz von ihr zu nehmen). Grüß b' Frau!
(Wieder nach vorn tretend, für sich). Sie hat die Ehr', einen
guten Morgen zu wünschen! — Jetzt hat doch schon Alles
ein' Ehr'! Was sollen wir Gebildeten sagen, wenn's ordinäre
Volk so daher red't? Für einen Menschen, wie ich bin, ist
es was Schreckliches, unter solcher Bagage zu existiren. Mein
ganzes Leben war Ehre, durchaus Ehre. Mein Vater hat
die Ehre gehabt, herrschaftlicher Portier zu sein; ich habe die
Ehre gehabt, als herrschaftlicher Portiersohn erzogen zu
werden; durch Fleiß, Talent und Patronanz hab' ich mich
zur Ehrenstelle eines herrschaftlichen Hausknechtsgehülfen
emporgeschwungen, da hat eine Ehrensache meine ganze
Karriere zerstört. Der herrschaftliche Roßwarter ist mit dem
Stallbesen an das herrschaftliche Kuchelmädel ang'streift,
welche mich mit ihrer Lieb' beehrt hat, ich geb' ihm eine
Ohrfeigen, der Haushofmeister hat die Ehre gehabt, dazu zu
kommen, und mich an die Wand zu werfen, ich versichere
ihm auf Ehre, daß er auch Eine kriegt, wenn er nicht weiter
geh't; er macht auf das der Herrschaft eine besoffene
Schilderung von mir, und ich hab' auf herrschaftlichen Befehl
die Ehre gehabt, mit Schand und Spott davon gejagt zu

werben. So war mein ganzes Leben Ehre, und soll es auch bleiben; selbst in meinem jetzigen Stand' halt' ich darauf, und trachte so viel als möglich, bei Familien Holz zu hacken, wo es mir zur Ehre gereicht, wenn ich sagen kann: Die und die haben heut Holz gehabt (mit Selbstgefühl) und ich war dabei.

Scene 7.

Vorige. Frau Mühlerin (eine dicke, bürgerlich gekleidete Frau, ist früher schon aus dem Hintergrunde vorgekommen und hat mit Everl gesprochen).

Everl (auf Lorenz zeigend). Nimm die Madam gleich den da.

Mühlerin. Ich dank' der Frau. (Zu Lorenz.) Komm' der Herr, wir geh'n um a Holz.

Lorenz (kurz angebunden). Ich bin schon aufgenommen für heut!

Mühlerin. Muß ich mich halt um ein'n Andern um= schau'n. (Geht ab.)

Lorenz. Wird's Gescheiteste sein.

Everl. Also ist der Herr Lorenz schon b'stellt?

Lorenz. Nein; aber mir steht nicht jede Kundschaft zu G'sicht, (für sich) wo keine Ehre für mich herausschaut. —

Scene 8.

Vorige. Jakob.

Jakob. Bist' da, Lorenz? Ich brauch' Dich, und das wo? — Kannst schon a Glasel Schnaps zahlen für das.

Lorenz (begierig). In ein Herrschaftshaus?

Jakob. Bei die Herrenleut' von Deiner Amour, bei der Sepherl im Haus haben's Holz.

Lorenz (ziemlich gleichgültig). So? (Für sich.) Die Leut' sind reich, leben von ihrem Geld, aber das ist halt noch kein Charakter. (Zu Jakob.) Na, 's ist recht; aber warten wir noch a Weil. (Rechts vorn in die Scene blickend.) Ha, da kommt eine Dam', ein Bedienter hinter ihr in bortirter Livrée, wenn die um a Holz ging.

Scene 9.

Vorige. Frau von Schimmerglanz, Bedienter (von vorn rechts, sie gehen links nach dem Hintergrunde).

Lorenz (sich ihr nähernd). Geh'n Euer Gnaden vielleicht um a Holz?

Schimmerglanz (sieht ihn vornehm über die Achsel an und sagt dann zu ihrem Bedienten). Sage Er ihm: Nein! (Geht ihren Weg fort.)

Bedienter (zu Lorenz). Nein, wir nehmen's vom Greisler. (Folgt seiner Frau, die im Hintergrunde links abgeht.)

Scene 10.

Vorige (ohne Frau von Schimmerglanz und Bedienten).

Lorenz (für sich). Das ist fatal! (Laut.) Also geh'n wir. (Für sich.) Ich muß mich halt heut mit der Lieb' begnügen, wenn schon der Ehrgeiz durchaus nicht befriedigt werden kann. —

Everl. Gar z' freundlich muß aber der Herr Lorenz mit der Sepherl nicht sein.

Lorenz (stutzt). Warum, Frau Everl?

Everl. Ich will kein'n Unfrieden stiften, das laßt mein Herz nicht zu; aber wenn ein Mann, wie der Herr Lorenz, betakelt wird, kann halt mein Herz auch nicht ruhig zuschau'n.

Lorenz. Frau Everl, diese Worte touchiren meine Liebe auf der Seite, wo sie an die Ehre grenzt, heraus jetzt mit der Farb': was weiß d' Frau Everl von der Sepherl?

Everl. Sie hat mit ein'm alten Herrn discurirt.

Lorenz (mit wachsender Eifersucht). Nicht möglich?

Jakob. Na, was ist's denn mehr?

Lorenz. Das ist ein Verbrechen. (Zu Everl.) Und wo hat sie discurirt?

Everl. Da, auf'm Markt.

Lorenz. Ein öffentliches Verbrechen!

Everl. Jetzt, was sie g'red't haben, hab' ich nicht recht g'hört.

Lorenz. Gar nicht nothwendig, daß man's hört; wenn man b' Leut' nur reden sieht, das ist schon genug.

Everl. Uebrigens die Wörter: „Gegenstand, Mitarbeiter, Liebe und Tatelhuber" hab' ich deutlich gehört.

Lorenz (wüthend). Genug! Zu viel! Wenn ich mir diese Worte zusammenreime, so kommt ein fürchterlicher Vers heraus. Auf öffentlichem Markt entbrennt sie für einen Andern; meine Ehre ist gebrandmarkt, aber wehe ihr! Die letzte Butten Weiches wird hinausgetragen aus dem Holz= gewölb meines Gefühls, nur die harten Stöck' des Ingrimms liegen stoßweis' herum, um den glühenden Ofen der Rach= sucht zu heizen.

(Mehrere Marktweiber kommen neugierig nach dem Vordergrund.)

Jakob. Was schad't denn das, wenn Eine mit Ein'm red't? — Mein Weib muß mit Jedermann freundlich sein, sonst wird's gleich karbatscht; denn Höflichkeit, das ist das Erste.

Lorenz. Jakob, das, was mich stachelt, das hat in Dir entweder nie existirt, oder ist längst in einem Meer von Schnaps ersoffen.

Jakob. Jetzt, das ist möglich, ich will nicht streiten.

Lorenz. Darum red' nicht.

Everl (ihn trösten wollend). Schauen's, Herr Lorenz —

Lorenz. Schweig' mütterliche Freundin!

Jakob (zu Lorenz). Nimmst jetzt die Arbeit dort an oder nicht?

Lorenz. Ob ich's annimm! Die Ehre fordert mich auf, das Holz zu hacken. Steck' heut die Händ' in'n Sack, Jakob, und leg' mir alle Scheiter herüber, heut hast Du einen Terno an mir gemacht, denn mein Geist ist in einer Stimmung — (schwingt die Hacke) ich werde das Ungeheuerste leisten! (Stürzt rechts ab, Jakob folgt; die Marktweiber sind schon früher abgegangen.)

Scene 11.

(Elegantes Zimmer in Philipps Hause, mit Mittel= und rechts und links Seitenthüren.)

Philipp und **Tatelhuber** (aus der Seitenthür rechts).

Philipp. Nun, Vater? Was sagen Sie zu dem Kinde?

Tatelhuber. Recht a lieber Fratz, seit der Kindstauf' hab' ich ihn nicht gesehen.

Philipp. Jetzt ist er zehn Monate alt und ein wahrer Engel geworden.

Tatelhuber. Na, es ist recht ein hübscher junger

Mann, aber Engel, das ist zuviel gesagt. Ihr seid's aber so Leut', Ihr übertreibt's Alles.

Philipp. Dasselbe, lieber Vater, thun Sie; denn Ihnen ist auch gar nichts recht an uns.

Tatelhuber. Jetzt hast Du's getroffen; Eure ganze Haushaltung —

Philipp. Was ist daran auszusetzen?

Tatelhuber. In einer ordentlichen Haushaltung muß Alles ordentlich gehalten werden, folglich auch die Dienst-boten, folglich auch die Sepherl, weil sie Dienstbot' ist; und wie behandelt Ihr die Sepherl?

Philipp. In Dienstbotensachen misch' ich mich nicht.

Tatelhuber. Weil Du nicht darfst.

Philipp. Sie reden, als wenn ich im Hause nichts wäre.

Tatelhuber. Da hab' ich Unrecht; Du bist der Mann Deiner Frau, und Männer, die außerdem nix sind, die sind weniger als nix. Du warst für die Landwirthschaft erzogen, da führt Dich der Teuxel vor vier Jahren in die Stadt, Du lernst eine junge Wittwe kennen, Ihr verliebt Euch Eins in das Andere, Ihr heirathet Eins das Andere, sie erhalt't das ganze Haus von ihrem Geld, und Dein ganzer Wirkungskreis besteht darin, daß Du ein Tagdieb bist, da kann sie natürlich kein'n Respect haben vor Dir.

Philipp. Ich habe von meiner Frau noch nicht das Geringste ertragen, was gegen die Würde des Mannes —

Tatelhuber. Lipperl, lüg' nicht, ich kenn' Dir's an. Du hast als Bub' von vierzehn Jahren, wie Du die erste Pfeifen Tabak geraucht hast, die letzte Ohrfeigen kriegt von meiner Hand; sollte in Deiner Ehe nichts passirt sein, was Dir jene Handlung in's Gedächtniß zurückrief? — Schau' mir in die Augen — siehst Du, Du kannst nicht.

Philipp. Meine Frau ist bisweilen heftig, aber sie hat ein gutes Herz, sie bereut gleich wieder.

Tatelhuber. Na, wenn Du damit zufrieden bist, mich geht's nix an; aber daß sie die Sepherl so malträtirt, das geht mich an, und sie ist doch so a gute Haut.

Philipp. Meine Frau sagt: Nein!

Tatelhuber. Das ist doch eine schreckliche Frau!

Will mit Gewalt der Sepherl die gute Haut abstreiten. Ich sag' Dir's, Lipperl —

(Man hört von der rechten Seite ein kleines Kind schreien.)

Philipp. Der Kleine schreit. (Läuft eilig rechts ab.)

Tatelhuber (allein, ihm nachsehend). Da läuft er, wenn's Kind schreit; der weiß auch nicht, daß zwischen einem zärtlichen Vater und ein'm Kindsweib ein Unterschied ist.

Philipp (zurückkommend). Ich hab' ihn auf die andere Seite gelegt, jetzt ist er wieder ruhig.

Tatelhuber. Mußt Du denn das thun? Für was habt's denn die Sepherl?

Philipp. Die is zu dumm.

Tatelhuber. Das ist nicht wahr; ich glaub' grad', daß die Sepherl viel Talent zu Kindern hat, aber Ihr laßt sie nir gelten.

Scene 12.

Vorige. Helene (von der rechten Seite).

Helene (zu Philipp). Wo steckst Du denn immer? Alle Augenblicke läufst Du davon.

Tatelhuber. Er ist nur bis zu mir gelaufen, kein'n Schritt weiter, und ich glaub', als Mann hat er das Recht.

Helene. Zum Vater zu laufen, wie ein Schulknabe, und über die Frau zu klagen und zu jammern, wie sie ihn quält, das ist sehr männlich.

Tatelhuber. Er hat sich nicht beklagt über Ihnen, wär' auch nicht nothwendig; das seh' ich ohnedem, daß er mit Ihnen kein Glück gemacht hat.

Helene. Mein Herr, diese Aeußerungen —

Tatelhuber. Müssen Sie mir nicht übelnehmen; ich bin ein glatter Mann.

Helene. Sonderbar, daß ein glatter Mann auch ein rauhes, ungeschliffenes Aeußeres hat.

Tatelhuber. Dann bin ich kurios, wie Ihnen mein Inneres g'fallt, wenn ich Ihnen eröffne und Ihnen sag': die ganze Wirthschaft in dem Haus ist kein'n Kreuzer werth, ohne Ihnen dadurch beleidigen zu wollen.

Helene. Was die Wirthschaft hier werth ist, weiß ich am besten, denn sie wird von meinem Gelde geführt.

Tatelhuber. Ich bin aus keinem andern Grund

hereingekommen, als meinem Sohn den Rath zu geben, er soll von Ihnen eine Summe Geld begehren, nur leihen. einen Theil will ich hergeben; da soll er hernach eine bedeutende Landbesitzung kaufen, die Landwirthschaft versteht er, da kann er hernach als erwerbender Theil auftreten, und braucht sich nicht von den zuwideren Launen eines bissigen Weibes, ohne Ihnen dadurch beleidigen zu wollen, malträtiren zu lassen. Das ist mein Einschlag; schlagt Ihr den aus, so soll Euch alle Zwei der Teufel holen, ohne Eines oder das Andere im Geringsten beleidigen zu wollen.

Helene. Das ist doch wirklich lächerlich und anmaßend zugleich, von meinem Gelde Projekte zu machen, ohne —

Tatelhuber. Ja, was ist's denn a so, Lipperl? Jetzt hoff' ich, wirst Du doch auch was reden.

Helene. Sprechen kann er, soviel er will, aber das Handeln ist meine Sache.

Tatelhuber. Das ist sonst der umgekehrte Fall.

Helene. Bei einer reichen Frau keineswegs.

Tatelhuber. Lipperl, red', oder ich werd' fuchtig.

Philipp. Ich ringe im Stillen nach Geduld, aber wahrhaftig, sie fängt an, mir auszugehen.

Helene. Oho, Herr Gemahl, macht Ihnen die Gegenwart Ihres Vaters so viel Muth? Ich bin eine reiche Frau, und ein ganzes Heer von Vätern wird mich nicht abhalten, meine Rechte zu behaupten.

Tatelhuber. Lipperl, wannst jetzt nicht red'st —

Philipp (zu Helene). Deine Rechte wird Dir Niemand bestreiten, Du wirst sehen, mit welcher Uneigennützigkeit ich mich zurückziehen werde. Besser wär' es freilich gewesen, wenn ich vor vier Jahren auf die Warnungen meines Vaters gehört und keine reiche Frau geheirathet hätte, aber damals glaubte ich, unter Gatten, die sich lieben, könne gar nie die Frage entstehen, wer der Geber und wer der Empfänger sei. Der Irrthum ist um so verzeihlicher, als Du ihn selbst erweckt und durch Betheuerungen bestärkt hast. Es war eine Zeit, wo Du Dein Eigenthum das meinige genannt; damals wär' es nur an mir gelegen, jedes Opfer von Dir zu verlangen, um mich zu bereichern. Ich habe es verschmäht, und jetzt noch, wo Du mir meine Abhängigkeit so sehr fühlen lässest, mich be=

schämst und niederbeugst, jetzt noch bin ich stolz auf meine
Uneigennützigkeit. So soll es denn zum Aeußersten kommen,
und Trennung soll Dich von einem lästigen Mitgliede
Deiner Haushaltung befreien; ich habe die Kraft, und die
Kraft wird mir die Mittel geben, mich zu erhalten.

Tatelhuber (für sich). Er hat lang' nix g'red't;
wenigstens red't er nachher viel auf einmal.

Helene. Der Ton ist mir neu. Glauben Sie mich
zu schrecken, Herr Gemahl? Sie wollen Trennung? Gut,
ich will sie noch mehr.

Philipp. Das ist mir lieb.

Helene. Das Band ist zerrissen.

Philipp. Nichts mehr fesselt uns.

(Man hört von rechts das Kind wieder schreien.)

Helene (erschrecken). Der Kleine schreit! (Rechts ab).

Philipp (ebenso). Was muß ihm sein? (Rechts ab).

Tatelhuber (allein). Das sein a Paar Leut'! Ich
weiß nicht, welcher Philosoph die Menschen mit Griesknödeln
verglichen hat, wenn ich die Zwei anschau', so bin ich ganz
seiner Meinung.

Helene (mit Philipp zurückkommend). Wagen Sie es
nun noch, das Wort Trennung auszusprechen, jetzt, nachdem
Sie dieses Engelskind gesehen?

Philipp. Daran hab' ich in der Aufwallung nicht
gedacht. Das Kind ist mein Leben! (Halb in bittendem Tone).
Helene! —

Helene. Siehst Du ein, daß Dir das Bitten weit
schicklicher als das Drohen steht? (Triumphirend zu Tatelhuber).
Ja, ja, mein Herr, mit einer reichen Frau kann der Mann
nicht so umspringen nach Gefallen.

Tatelhuber (zornig bei Seite). Das is a Bisgurn.

Helene. Ueberhaupt, wenn man reich ist, lacht man
zu Allem.

Tatelhuber. Freveln's nur zu, Madam, aber Ihnen
kann noch ein harter Schlag treffen, wenn Sie auch reich
sind.

Helene. Wer Reichthum und die Klugheit besitzt,
immer nur die Interessen eines sicher angelegten Kapitals
auszugeben, hat nichts zu fürchten.

Tatelhuber. Glauben S'? Meine Beste, reich oder

arm, das Schicksal find't bei jedem das Fleckel heraus, wo er häßlich ist; das hat schon manche übermüthige Gretel empfunden, ohne Ihnen im Geringsten beleidigen zu wollen.

Scene 13.

Vorige. Rosine (erscheint an der Seitenthüre rechts).
Rosine. Gnädige Frau!
Helene. Was ist's?
Rosine. Ich bitte, einen Augenblick! (Zieht sich zurück.)
Helene (eilt zur Seite rechts ab).
Philipp. Am Ende ist dem Kinde was! (Eilt ihr nach, ab.)
Tatelhuber. (allein). Nein, wirklich, schad' um mein'n Sohn, daß er ein Mannsbild ist, aus dem wär' a prächtige Ammel word'n.

Scene 14.

Vorige. Herr von Geck (tritt zur Mitte ein).
Geck. Meine Gnädige, sehen Sie mich zu Ihren Füßen. — Was Teufel! — Niemand hier? Man sagte mir doch — (Tatelhuber erblickend.) Was ist das für eine gemeine Figur?
Tatelhuber (für sich) Red't der mit mir?
Geck. Wahrscheinlich hat Er durch seine impertinente Zudringlichkeit die gnädige Frau aus dem Besuchzimmer vertrieben.
Tatelhuber (bös werdend). Erlauben Sie mir —
Geck. Wie ist Er hereingekommen?
Tatelhuber. Wie ich hereingekommen bin? Das geht Ihnen nix an, aber wie Sie hinauskommen werden, das können S' gleich sehen. (Streckt sich die Aermel auf und tritt näher an ihn heran.)
Geck (ängstlich zurückweichend). Frecher Schlingel! Er ist betrunken, Er will mich anpacken? Zu Hülfe! Zu Hülfe!

Scene 15.

Vorige. Philipp und Helene von rechts.
(Zu gleich) { **Helene.** Was geht hier vor?
{ **Philipp.** Welch' ein Spektakel?
Geck. Ah, mon ami! — Meine Gnädige! Dieser Bauernbengel da — will sich an mir vergreifen.
Philipp (erstaunt). Mein Vater?

Geck (wie vom Blitz getroffen). Ihr Vater? — Was? —

Philipp. Hier, Chevalier, das ist mein Vater, heute auf Besuch angekommen.

Geck. Der hochverehrte Pachter Tatelhuber? Der berühmte Oekonom? Der Stolz der vaterländischen Agrikultur? — Wahrhaftig, die Freude, Sie kennen zu lernen, ist so groß, daß sie nur von dem Schmerz über das stattgehabte Mißverständniß übertroffen werden kann. (Zu Helene.) Meine Gnädige, reden Sie ein gutes Wort für mich.

Tatelhuber (für sich). Das ist a balketer G'schwuf! (Lacht.)

Geck (zu Tatelhuber). Sie lachen? Vortrefflich! Von der pikanten, komischen Seite wollen wir das Mißverständniß betrachten und aus Leibeskräften darüber lachen. (Lacht mit Tatelhuber zugleich.)

Helene (für sich). Ein Glück, daß der Chevalier die Sache so aufnimmt.

Geck (zu Tatelhuber). Umarmen Sie mich, mein Freund!

Tatelhuber. Meinetwegen, so kommen S' her. (Umarmt ihn.)

Geck. Wahrhaftig, Sie sollten für immer bei uns bleiben.

Tatelhuber. Ach, das thut's nicht, bei meiner Wirthschaft.

Geck. Vor Allem müssen Sie heute mit uns die Redoute besuchen, wir gehen Alle en masque.

Tatelhuber. Und da sollt' ich auch? Hören's auf! Da nehmet ich mich gut aus.

Geck. Sie müssen; wir lassen Sie garnicht aus.

Philipp. Aber, Vater, Sie wollten, ich soll Sie zum Advokaten führen; da ist es höchste Zeit.

Tatelhuber. Na, so geh'n wir.

Geck (zu Tatelhuber). Nein, nein, ich lasse Sie nicht, bis Sie nicht Ihr Wort geben, heute von unserer Partie zu sein.

Tatelhuber. Na, meinetwegen, daß ein Fried' ist. Aber so eine Unterhaltung g'hört ja eigentlich für d'jungen Leut', und nit für so alte Schippeln, wie wir sind. Komm, Lipperl, mit Dem (auf Geck zeigend) kannst Deine Frau schon allein lassen, da ist keine Gefahr dabei. (Mit Philipp zur Mitte ab.)

Scene 16.
Helene Geck.

Geck (für sich). Impertin — (Laut.) Endlich, meine Angebetete, sind wir allein. Drei Tage schon schmachte ich nach einem solchen Augenblick, wo ich zu Ihren Füßen — (stürzt auf die Kniee.)

Helene. Himmel, was thun Sie? Ich glaube, es kommt —

Geck (schnell aufspringend). Wer kommt? —

Helene. Niemand; aber Sie werden mich auf solche Weise böse machen. So angenehm mir auch Ihre zarte Galanterie ist, die gegen das ordinäre Benehmen meines Gatten in doppelt schönem Lichte hervortritt, so kann ich doch Extasen nicht dulden, die meiner Pflicht gerade zuwider laufen.

Geck. Ha, woher so plötzlich die ruhige Besonnenheit, mit der Sie von Pflichten reden? Ich ahne das Schrecklichste. Nicht Ihr Gatte, nein, ein glücklicher Nebenbuhler ist es, der das Flammenschwert vor dem Paradiese dieses Herzens schwingt.

Helene. Mein Herr, dieser unwürdige Verdacht —

Geck. Halten Sie ein; ich ging zu weit im glühenden Liebeswahnsinn. Verzeihung, Helene, Verzeihung! (Stürzt zu ihren Füßen.)

Helene. Ihr Glück, daß Sie so sprechen. Stehen Sie auf.

Geck. Helene!

Helene. Was wollen Sie? Lassen Sie mich!

Geck. Uebergöttliche Frau!

Helene. Strafe haben Sie verdient, und die muß Ihnen werden. Das Blatt für Ihr Stambuch habe ich be= reits geschrieben, es steht Manches darauf, was Sie sehr freuen würde.

Geck (entzückt). Wo ist es?

Helene. Zur Strafe bekommen Sie es nicht.

Geck (bestürzt). Diese Grausamkeit ist zu groß, ich sterbe zu Ihren Füßen! (Fällt auf die Kniee).

Scene 17.
Vorige. Sepherl (tritt zur Mitte ein mit einem zerbrochenen

2*

Suppentopf in der Hand, sie bemerkt Geck, der noch vor Helenen kniet, und erst, als er sie erblickt, verlegen aufspringt; sie bleibt erstaunt an der Thür stehen).

Helene. Was giebt es? Was will Sie ungeschickte, widerwärtige Person?

Sepherl. Die Rosin hat den kleinen jungen Herrn in die Kuchel hinaustragen, und da hat er sich kaprizirt auf'n großen Schöpflöffel, die Rosin giebt ihm ihn in die Hand, 's Kind laßt ihn auf die Anrichttafel fallen, wo g'rab' der Suppentopf steht, jetzt ist er mitten auseinand. (Zeigt die Scherben.)

Helene. Da wird Sie ihn bezahlen.

Sepherl. Die Rosin?

Helene. Nein, Sie. Sie hätt' ihn nicht dahin stellen sollen, wo das Kind spielte. Es wird Ihr vom Lohne abgezogen.

Sepherl. Ach, Euer Gnaden, das ist zu viel. Kann ich dafür, daß die Rosin 's Kind in die Kuchel bringt, und daß man ihm alle Kaprizen angehen laßt?

Helene (sehr erzürnt). Hinaus! oder ich vergesse —

Geck. Mäßigen Sie sich, meine Gnädige! —

Sepherl. Mein Elend wird hier am längsten gedauert haben, aber wenn ich einmal weg bin und Sie Jammer erleben an dem Kind, dann werden Sie an die arme Sepherl denken. (Weint laut.)

Helene (auf's Aeußerste gereizt). Freches Geschöpf! Willst Du mich auf's Aeußerste bringen?

Geck. Meine Gnädige — die heftige Gemüthsbewegung — Ihre Gesundheit — der Gegenstand ist es nicht werth. Holen Sie das von mir so heißersehnte Blatt, ich werde sie hinausschaffen.

Helene (sich mäßigend). Sie haben Recht, Chevalier, der Gegenstand ist wirklich —

Geck. Schonen Sie sich nur. — (Geleitet sie zur Thür rechts, wo Helene abgeht.)

Scene 18.

Geck. Sepherl.

Sepherl. Ich hätt' nicht so aufbegehren sollen, jetzt reut's mich aber es wird Einem halt manchesmal zu viel.

Geck. Wie kann Sie solchen Lärm machen, wegen einer Bagatelle?

Sepherl. Erlauben Sie mir, wenn mir a sechs oder acht Gulden vom Lohn abgezogen werden, das ist für einen armen Dienstboten kein' Bagatelle.

Geck (bei Seite). Diese Sepherl ist gar nicht übel. (Laut.) Wenn ich Ihr aber diesen Dukaten anbiete, und nichts als ein Küßchen dafür verlange, ist da der Schaden nicht gleich ersetzt? Also ohne Zaudern, eh' die Gnädige herauskommt. Hier ist der Dukaten, schnell den Kuß. (Umfängt sie.)

Sepherl. Ob S' mich auslassen.

Geck. Nein, eng und immer enger sollen meine Arme Dich umschließen, und nur ein Kuß löst Dich aus dieser Haft!

Sepherl (sich los machen wollend). Ich schrei —

Scene 19.

Vorige. Helene (tritt aus der Seitenthür und bleibt über den Anblick entrüstet stehen).

Helene. Mein Herr! —

Sepherl (schreit überlaut). Ach! (Läuft zur Mitte ab.)

Geck (bei Seite, in höchster Verlegenheit). Diable! (Laut.) Ein Scherz, meine Gnädige, purer Scherz! Ich wollte —

Helene. O, ich sah recht gut, was Sie wollten; nun sehen Sie aber auch, was ich will; für's Erste will ich dies Blatt zerreißen. (Zerreißt das Stammbuchblatt, welches sie in der Hand hält.)

Geck (desperat). Himmel!

Helene. Meine Magd soll Ihnen ein Stückchen von ihrem Küchenzettel geben, ein würdiger Zuwachs für Ihr Stammbuch.

Geck. Zürnende, doch auch im Zorn himmlisch schöne Helene!

Helene. Für's Zweite will ich, daß Sie mich für immer mit Ihren Galanterien verschonen.

Geck. Helene, Sie zerschmettern, Sie vernichten mich! Verzeihung! (Stürzt zu ihren Füßen.)

Helene. Bleiben Sie so, ich werde die Sepherl holen, daß sie meinen Platz einnimmt.

Geck. Den Tod, Helene, den Tod von Ihrer Hand!

Scene 20.

Vorige. Taubenherz (tritt zur Mitte ein und erblickt Geck zu Helenen's Füßen).

Taubenherz. Bitt' unendlich um Verzeihung, wenn ich gestört hab'.

Geck (verlegen aufspringend). Das ist ein Unglückstag! (Laut.) Es war eine Scene —

Taubenherz. Eine unendlich rührende Scene.

Geck. Aus einer Komödie, welche wir probirten, mit welcher wir den Herrn Gemahl an seinem Geburtstage überraschen wollen.

Taubenherz. Kann mir's denken; wenn ich der Gemahl wär', mich überrascht' es auch unendlich.

Geck (immer mehr Fassung gewinnend). Das Stück ist sehr pikant. (Mit Beziehung auf das zwischen ihm und Helenen Vorgefallene.) Die Dame zürnt, der Anbeter fleht sie knieend um Verzeihung, sie scheint kalt zu bleiben, doch er liest Hoffnung in ihren Blicken und eilt, um Alles zu einem Maskenballe zu bereiten, wo dann das Ganze eine fröhliche Wendung nimmt; das ist der Schluß des Stückes. (Mit Galanterie.) Meine Gnädige, Ihr Unterthänigster! — Kurz ist der Schmerz, doch ewig ist die Freude. (Zur Mitte ab.)

Scene 21.

Helene. Taubenherz.

Helene (kalt) Guten Tag, Herr Schwager.

Taubenherz. Das ist halt wahr, wie man in das Haus hereinkommt, hört man von nichts, als von Ball, Lustbarkeit, Komödie —

Helene. Diese Aeußerungen —

Taubenherz. Sollen Ihnen dann und wann in's Gedächtniß zurückrufen, daß das ganze unendlich schöne Vermögen von meinem seligen Herrn Brudern, Ihrem in Gott entschlafenen Gemahl, herstammt, der sehr Unrecht gethan hat, seines Bruders gar nicht zu gedenken, ein Unrecht, welches nur Sie gut machen können, wenn Sie in Ihrer testamentarischen Verfügung meine arme Familie —

Helene. Stellen Sie sich nicht arm, Herr Schwager, man weiß, daß Sie sich ein bedeutendes Kapital zusammen=

gewuchert haben. Uebrigens konnten Sie einige Hoffnung
auf das meinige nur so lange nähren, als meine gegen=
wärtige Ehe kinderlos blieb. Da dies nun nicht mehr der
Fall ist, versteht sich von selbst, daß mein Sohn mein einziger
und alleiniger Erbe ist. Sie entschuldigen übrigens, wenn
ich mich Ihnen empfehle, ich habe mit meiner Toilette für
diesen Abend zu thun. (Geht rechts ab.)

Scene 22.

Taubenherz (allein.) Also das Kind, dieses Herzens=
sohnerl, ist das Hinderniß? Wenn mir nur da mein Herz
ein Mittel zeiget', wie ich trotz diesem Hinderniß zum Ziel
komm'. Ich wollte was d'ran wagen, Alles wollt' ich wagen.
— Hm! — hm! — das Sohnerl der gnädigen Frau wird
ein unglücklicher Mensch, die Eltern verziehen's, verderben's,
er wachst auf in Ueberfluß und Wohlleben, und wird einst
ein ruchloser, böser Mensch, der sich und Andere in's Elend
stürzt. Der Reichthum ist ja dem Kind sein Verderben, und
wer es davon befreit, der wäre ja dem Kind sein Retter,
sein Wohlthäter. — Sollte mich etwa das Schicksal zu diesem
guten Werk ausersehen haben? Wenn man das Kind ent=
fernen könnt', wenn man es dieser eitlen, hoffärtigen Mutter
auf eine geschickte Art wegnehmen, und es zu simplen armen
Leuten bringen könnt', die es durch Mangel und Elend zu
einem braven Menschen bildeten; die Eltern wären anfangs
desperat, doch mit der Zeit thäten sie sich trösten, ohne das
Kind wird die lockere Ehe nicht lang' mehr zusammenhalten;
sind sie dann getrennt, so schmeichl' ich mich wieder ein bei
der Frau Schwägerin, sie braucht einen Beschützer, einen
Freund, ich insinuire mich immer mehr und mehr, werde ihr
unentbehrlich, und am End' beerb' ich sie noch, oder wenigstens
meine Familie erbt einmal von ihr. Es geht, mein Herz
schöpft neue Hoffnung; die Aussichten sind zwar sehr entfernt,
aber ich hab' ein geduldiges Herz, ich kann auf einen so
schönen Zweck jahrelang hinarbeiten.

Scene 23.

Taubenherz. Heinrich (tritt zur Mitte ein).

Taubenherz. Heinrich, Du kommst mir grad' recht.
Heinrich. Haben Sie nicht Alles so gefunden, wie ich —

Taubenherz. Alles. Der Augenblick ist da, wo Du Dir die zweihundert Dukaten verdienen kannst.

Heinrich. Also wollen Sie wirklich das Wagestück ausführen, was Sie mir gestern gesagt haben?

Taubenherz. Mit Deiner Hülf' muß es gelingen.

Heinrich. Ist recht, ich will das Ganze leiten; aber den Raub des Kindes muß ein Anderer vollbringen.

Taubenherz. Du bist doch ein recht feiger Schuft, mein übrigens herzensguter Heinrich!

Heinrich. Ja, im Fall es verrathen wird, komm' ich so leichter weg; man muß auf alle Fälle bedacht sein. Ich weiß Einen, einen kuraschirten, handfesten Kerl, der ſum's Geld zu Allem zu haben ist, der muß heute Nacht noch — bei uns geht Alles auf die Redoute —

Taubenherz. Gut, und ich reiſ' heut' Nacht noch mit dem Kind fort. Vor den Leuten will ich aussprengen, daß ich jetzt zu Mittag schon verreiſ', so kann kein Verdacht auf mich kommen.

(Man hört von Innen rechts läuten).

Heinrich. Ich muß hinein —

Taubenherz. Komm' sobald als möglich zu mir in meine Wohnung, und sag' der gnädigen Frau indessen: ich laß mich recht herzlich empfehlen. (Zur Mitte ab, Heinrich rechts hinein).

Scene 24.

Vorstadtgegend mit lauter kleinen Häusern; rechts Helenens Haus, groß und im eleganten Styl, mit praktikablen Fenstern und Thor; links im Hintergrunde der Eingang in eine Schnapsbude.
(Mit der Verwandlung beginnt lustige Musik, man vernimmt aus der Schnapsbude fröhlichen Gesang).

Jakob und Katherl (sind währenddem beschäftigt, vor Helenen's Hause an einem Haufen Holz in großen Scheitern ein Theil mehr nach dem Vordergrunde aufzuschichten, und es zum Spalten zurecht zu legen. Jakob fängt an zu hacken, Katherl richtet die Säge zurecht).

Chor
(von Innen).

Wenn ein Getränk nicht mehr brennt und recht beißt,
Ist es ein Wasser und hat keinen Geist!
Wie selten g'schieht's, daß der Wein recht g'rathen thut,
Der Schnaps der g'rath alle Jahr', das ist halt gut.

(Es entsteht Streit in der Schnapsbude.)

Macht's Eure Sachen wo anderster aus,
Wer Ursach' am Streit ist, den wirft man hinaus;
Wir sind friedliche Leut',
Wir wollen kein'n Streit.
(Mit den letzten Worten des Chores geht die Thür des Ladens auf,
Tatelhuber wird von Lorenz herausgeworfen, mehrere Gäste eilen
nach, um den erhitzten Lorenz zu besänftigen).

Scene 25.

Tatelhuber. Lorenz. Gäste. Vorige.

Lorenz. Laßt's mich los, ich muß ihn —

Tatelhuber. Aber so laß sich der Herr nur im Guten sagen —

Lorenz (rabiat). Laß sich der Herr im Guten prügeln, sonst setzt's Schläg'! (zu denen, die ihn halten). Nur auf fünf Minuten gebt's mir'n herüber.

Jakob. Nix da! Wenn man Ein'n hinauswirft, ist es genug; für was denn Grobheiten auch noch?

Lorenz. Das ging' mir noch ab, daß b'Verführer vom Land herein kommen, man steht ohnedem von die Stadtherren genug aus, wenn man ein'n saubern Dienstboten liebt.

Jakob. Na ja, aber nur keine Stänkereien! Komm' wieder herein.

Lorenz (auffahrend). Aber die Ehr'?

Jakob. Die wollen wir jetzt dem Wirth geben.

Lorenz (besänftigt). Dem Wirth wollen wir die Ehr' geben? Gut, wo's Ehre giebt, bin ich dabei. (Ab mit Jakob in die Bude).

Die Gäste. So, nun Frieden und Ordnung!
(Sie folgen Beiden).

Scene 26.

Tatelhuber. Katherl.

Tatelhuber (für sich). Sepherl, ich fang' an, Dich zu bedauern. — Das Marktweib ist aber eine wahre Furie. Ich sitz' ganz einschichtig als stiller Beobachter in einem Eck, schreit's auf einmal, wie's mich ersieht, „der ist's!" und der Lorenz das zu hören und mich z'fassen als wie a Fanghund, das war Ein's.

Katherl. Ein reputirlicher Mann soll halt nicht geh'n an ein' so gemeinen Ort; mein Mann und der Lorenz nehmen sich schon seit drei Jahren vor, daß s' ausbleiben wollen.

Tatelhuber. Ich hab' aber ein'n nothwendigen Zweck, es betrifft eine Person, die mir werth ist; ich muß die Gemüthsart dieses Lorenz genau und haarklein erforschen.

Katherl. Na, das, was der Herr erfahren hat —

Tatelhuber. Hat mich überzeugt, daß er ein Flegel ist, er kann aber außerdem noch andere Charakterzüge haben, und diese muß ich ergründen.

Katherl. Ich rath' Ihnen's nicht, daß S' ihm mehr in die Nähe geh'n.

Tatelhuber. Die Frau muß mir zu einem Mittel behülflich sein, ich will ihn in einer Verkleidung umschweben.

Katherl. Vermaschk'rirt? Auf so was laß' ich mich nicht ein.

Tatelhuber. Bis ich nicht was auslaß. (Giebt ihr Geld.)

Katherl (sehr dienstfertig). Euer Gnaden — gnädiger Herr —

Tatelhuber (für sich). Jetzt wird sie sich gleich einlassen.

Katherl. Da hab' ich auf einmal ein'n Gedanken; es ist zwar ein balketer Gedanken — still', ich glaub', sie kommen heraus.

Tatelhuber (ängstlich). Da geh'n wir. —

Katherl (horchend). Mein Mann oder der Lorenz.

Tatelhuber. Alles Ein's! Komm' d'Frau!

(Zieht sie eilig mit sich fort und im Hintergrunde links ab.)

Scene 27.

Jakob, dann Geck, dann Helene.

Jakob (kommt aus der Schnapsbude). Manchen Tag wär's richtig nothwendig, daß sich's Holz selber hacket.

Geck (aus dem Vordergrunde links). Das Mißverhältniß mit der schönen Frau läßt mir keinen Augenblick Ruhe; noch mehr quält mich ein gewisser Argwohn. (Nach dem Fenster hinaufsehend.) Ist sie das nicht? — Ja, sie selbst — sie nähert sich dem Fenster. — Helene!

Helene (das Fenster öffnend). Mein Herr, was soll

dieses verdächtige Herumschleichen um mein Haus? Was müssen die Leute sich denken?

Geck (in Extase). Angebetete Frau, soeben bin ich gekommen, fragen Sie hier den Holzhacker, der kann es bezeugen, mit welcher Delikatesse —

Helene. Sie haben hier nichts zu suchen.

Geck. Noch immer im Zorn? Wenn nur der Holzhacker einen Augenblick wegsehen wollte, daß ich auf meinen Knieen — (Macht Miene, niederzuknieen.)

Helene. Weh' Ihnen, wenn Sie mit solchen Narrheiten mich blamiren! Weh' Ihnen, wenn ich in der nächsten Minute Sie noch hier erblicke! (Schlägt das Fenster zu.)

Geck. Ich gehorche, zürnende Gottheit, ich gehorche. (Er geht nach dem Hintergrunde.)

Jakob (für sich, nach dem Hintergrunde zeigend). Dort drin sitzen ein paar Angestochene, aber ein Jeder beträgt sich noch um viel gescheiter, als der!

Geck (kehrt um, als glaubte er, vom Fenster nicht mehr gesehen zu werden, und geht, dicht am Hause sich drückend, nach dem Vordergrunde). Kein Zweifel mehr, sie begünstigt einen Andern, darum genirt sie meine Nähe. Da muß ich Licht haben. Nur ein Mittel giebt's, ich muß das Haus unerkannt, verkleidet, den ganzen Tag bewachen, jede Seele, die ein- und ausgeht, durchforschen. (Zu Jakob.) He! Holzhacker! Er kann sich ein paar Dukaten verdienen.

Jakob. Da bin ich in mein'm Element; ich bin der Mann, der um's Geld Alles thut.

Geck. Komm' Er mit mir; nur behutsam, daß uns Niemand vom Fenster aus sieht. (Er drückt sich, Jakob nach sich ziehend, an das Haus.) So, Freund, nur behutsam. (Beide im Hintergrunde rechts ab.)

Scene 28.

Lorenz, dann Sepherl.

Lorenz (tritt aus der Branntweinstube, und spricht zurück). Ich muß jetzt aufpassen, bis sie herunterkommt. (Für sich, indem er nach Vorne tritt.) Die soll sich wundern, wie ich ihr's sagen werd'! Sie kommt aber nicht, die falsche Kröt! Schlecht's Gewissen! Sie kommt nicht! (immer ungeduldiger werdend.) Ich stehe da, als wie a Narr, die längste Zeit, und sie kommt halt nicht. — Ja, umsonst warten kann ich nit, ich geh' wieder hinein; aber das soll sie mir büßen, daß sie mich da stundenlang in der Kälten stehen laßt. (Will wieder ins Brannt= weinhaus.)

Sepherl (aus Helenens Hause kommend, mit einem Häferl in der Hand). Lorenz! Lorenz!

Lorenz (sich umwendend) Aha! bist Du da, Du perso= nificirter Fehltritt?

Sepherl (über den barschen Empfang befremdet). Was ist's denn?

Lorenz. Und nicht einmal roth wird's!

Sepherl. Wegen was soll ich denn roth werden?

Lorenz. Sepherl, Du bist tief gesunken.

Sepherl. Du wirst mich bös machen. Sag' jetzt auf der Stell', was Du hast!

Lorenz. Ich hab' nichts; aber Du hast was.

Sepherl. Ich?

Lorenz. Ja, Du hast einen Wohlthäter.

Sepherl. Na, und ist da was Uebles d'ran?

Lorenz. Du hast auf öffentlichem Markt, in Gegen= wart der ganzen Bevölkerung, mit ihm gesprochen.

Sepherl. Und ihm die Hand geküßt, weil's die ganze Welt sehen kann, wie ich ihn als meinen zweiten Vater ver= ehre und hochschätze.

Lorenz (erbost). Also ist er Dir gar so an 's Herz gewachsen? Nun, so wisse denn, ich habe diesen verehrten, hochgeschätzten Wohlthäter hinausgeworfen.

Sepherl (erschrocken). Um Alles in der Welt! — Wo?

Lorenz. Dort in der Gifthütten. (Zeigt nach der Bude.)

Sepherl. Den edlen, guten Mann, der mich als hülfloses Kind ang'nommen hat?

Lorenz. Du hätt'st Dich nicht sollen von ihm an= nehmen lassen; besser, Du wärst hülflos geblieben, als daß jetzt meiner Ehre nicht mehr zu helfen ist.

Sepherl Ich war damals ein armes, verwaistes Kind, und er hat mich groß gezogen, ich kann ihm nie genug dankbar sein.

Lorenz. O, gar so groß hat er Dich nicht gezogen, und im Uebrigen —

Sepherl (desperat). Und an dem Mann vergreift er sich?!

Lorenz. Wannst' ihn lang' so fortlobst, so werd'_ich wüthend!

Sepherl. Lorenz, Du red'st ja ohne Kopf!

Lorenz. Und Du red'st Dich um den Kopf!

Sepherl. Nimm doch Vernunft an!

Lorenz. In meinem Kopf ist ein Fleckel, wohin das Wort Vernunft noch nie gedrungen ist, auf diesem Fleckel ist ein Nadel, und wenn das einmal laufen wird —

Sepherl. Du bist verrückt! Schau, Lorenz, Du hast mich lieb, sagt Dir denn Dein Herz nicht —

Lorenz. In meinem Herzen ist ein Fleckel, wohin das Wort Liebe nie gedrungen ist; auf diesem Fleckel sitzt die Ehr', und das ist gar a heikliche Person, wie die nur a Bissel tuschirt wird, so kriegt's die Krämpf' und schlagt aus nach allen Seiten.

Sepherl. Ich seh' schon, ich muß warten, bis der Paroxismus vorüber ist, nachher wirfst' Dich auf's Bitten verlegen, wennst erfahrst, daß ich meinem Wohlthäter unsere Lieb' gestanden und ihn so lang' gebeten hab', bis er versprochen hat, Dir einen Dienst auf'm Land zu verschaffen, daß Du mich heirathen kannst.

Lorenz (erstaunt). Sepherl, ist das wahr?

Sepherl. Und den Mann wirft er hinaus!

Lorenz. Sepherl, mir scheint, ich war etwas zu rasch. Verzeih' mir —

Sepherl. Du närrischer Ding, Du! Ich sollt' nicht, aber halb und halb bin ich schon wieder gut. Da! (Giebt ihm das Häferl.) Vielleicht ist in Deinem Magen ein Fleckerl, wohin heut noch kein Kaffee gedrungen ist.

Lorenz (es nehmend). Sepherl, das hast Du errathen!

Sepherl. Es ist mein Frühstücks-Kaffee, den ich für Dich aufgehoben hab'.

Lorenz. Das ist edel! Aber's Kipfel wirst gessen haben?

Sepherl. Nein, ich hab's für Dich aufg'spart.

Lorenz. Gib's her. (Nimmt es.) Wenn man nix eintunkt, so ist so ein Kaffee ein wahrer Kletzen. — Schau, Sepherl, Du mußt meine Eifersucht nicht mehr reizen, mußt mich) nicht mehr kränken, denn ich lieb' Dich so wahrhaft — ich kann sagen — mehr, als mich selbst. (Jßt tüchtig.) Darfst mir's glauben, Sepherl, ich könnt' Hunger leiden für Dich, wenn nur Du g'nug hast.

Sepherl. Ich geb' Dir g'wiß kein'n Anlaß zum Eifern; aber weil wir g'rad' über den Punkt sprechen, so muß ich Dir sagen, ich hätt' eher a Bissel Ursach', mich über Dich zu beklagen. Die Wäscher-Nani —

Lorenz (sich etwas getroffen fühlend). Auf Ehr', die ist mir ganz gleichgültig.

Sepherl. Ich will's glauben, aber sie red't immer in einem Ton von Dir, als ob's nicht richtig wär' zwischen Euch.

Lorenz. Nein, wirklich — meiner Seel' —

Sepherl. Ich glaub' Dir ja; aber das sag' ich Dir ein für allemal —

Lorenz. Auf Ehr' —

Sepherl (fortfahrend). Ich laß' mir viel g'fallen von Deiner Eifersucht —

Lorenz. Meiner Seel'! — So wahr —

Sepherl (fortfahrend). Weil ich glaub', daß Du mich wahrhaft liebst und mir treu bist —

Lorenz. Auf Ehr'! Ich will nicht lebendig —

Sepherl (wie zuvor). Wenn ich aber hinter das Geringste käme —

Lorenz. Ich will nicht lebendig aus dem Zimmer hinausgehen, wenn —

Sepherl. Wir sein ja auf der Gassen.

Lorenz. Auf Ehr' —

Sepherl (in ihrer früheren Rede fortfahrend). Das Geringste, und es wäre aus auf ewig!

Lorenz. Meiner Seel' — auf Ehr' — so wahr ich leb' — da soll mich gleich — Nein, wirklich, auf Ehr'! —

Sepherl. Schwör' nicht, es ist nicht nothwendig, ich glaub' Dir ja so.

Lorenz. Sepherl, einzige Sepherl, daß wir nicht Eins in's Andere reden, Deine Herrenleut' — ich hab's erfahren — geh'n heut in die Redoute. Wenn's fort sein, komm' ich zu Dir.

Sepherl. Warum nicht gar, so spät? Nein, Lorenz das schickt sich nicht.

Lorenz. Um wie viel Uhr geht's denn?

Sepherl. Weil Fasching-Montag ist, glaub' ich, nach Achte.

Lorenz. Um Achte kann man noch die honnetteste Geliebte besuchen; die Stunden des Verdachtes fangen erst um Viertel auf Eilfe an.

Sepherl. Bei uns wird's Haus gleich zug'sperrt, wie die Herrenleut' fort sind.

Lorenz. Ich steig' hinten über die Gartenmauer, und Du laßt mich durch die Kuchel herein.

Sepherl. Nein, schau', das g'hört sich nicht.

Lorenz. Sei nicht so öd; frag' andere Dienstboten, die werden Dir sagen, was sich Alles g'hört. Wannst Spamponaden mach'st, müßt' ich nur glauben, Du hast ein'n Andern bestellt.

Sepherl. Fangst schon wieder an?

Lorenz (bittend). Sepherl! —

Sepherl. Gut also, komm; aber das sag' ich Dir, nicht länger als eine Viertelstund' darfst bleiben, da erzähl' ich Dir, was mein Wohlthäter für einen Plan mit uns hat; dann gehst aber ohne einen Muckser fort, wie ich's sag'; Dein Wort d'rauf!

Lorenz. Auf Ehr'! —

Sepherl. Also b'hüt Dich Gott; ich muß hinein, ich hab' alle Händ' voll zu thun. (Eilig ab in's Haus).

Lorenz (allein). Die hat's g'nöthig! Soll sich ein Beispiel an mir nehmen; ich hab' auch alle Händ' voll zu thun, und laß mir doch Zeit; d'Arbeit ist kein Has', die lauft nicht davon. (Setzt sich auf eine Butten und frühstückt).

Scene 29.

Lorenz. Dazu **Jakob** und **Katherl.**

Jakob (aus dem Hintergrunde rechts). Ich muß nur erst meinem Weib die Sach' — Ah, da ist sie ja —

Katherl (aus dem Hintergrunde links). Ich muß nur zuerst meinem Mann die G'schicht — Ah, da ist er ja!

Jakob. Weib, da schau die zwei Dukaten an, ich hab' ein'n Jux g'macht, laß Dir erzählen. (Spricht leise mit ihr weiter).

Lorenz (für sich, ohne die Beiden zu bemerken). Wer mich nur bei der Meinigen wegen der Wäscherin so ang'lehnt hat, den möcht' ich kennen! Wie der verrebelt wurd'!

Katherl (im Gespräch mit Jakob). Ach, das ist der Mühe werth! Das Nämliche hab' ich — da schau' das Geld an.

Jakob. Hör' auf! Ah, das wär' a Schub!

Katherl. Laß Dir nur erzählen — (Spricht leise mit ihm weiter).

Lorenz (für sich, wie früher). Schau, schau! Wollt' d' Sepherl eifersüchtig werden, das ging' mir g'rad ab! Sekir' ich's schon mit der Eifersucht bis auf's Blut, jetzt, wenn sie mich auch noch sekiret, so wär' ja gar kein Fried', das wär' doch höchst unbillig.

Jakob (vortretend zu Lorenz). Na, wie ist's denn, Lorenz? fangen wir nicht zu arbeiten an?

Lorenz. Was nutzt denn das, wenn wir jetzt hacken, die Weiber zum Schneiden, hast g'sagt, können erst in einer Stund' kommen.

Jakob (Katherl heimlich winkend). Nein, nein, sie werden gleich da sein.

Scene 30.
Vorige. Heinrich (aus dem Hause).

Heinrich. Jakob!

Jakob. Ah, Musje Heinrich!

Heinrich. Es giebt was zu thun für Dich.

Jakob. Was denn?

Heinrich. Eine Kleinigkeit. Wenn wir's pfiffig machen, ist gar keine Gefahr dabei.

Jakob. Nur heraus mit der Katz' aus dem Sack, ich bin der Mann, der um's Geld Alles thut.

Heinrich (geheimnißvoll). Heute Nacht, wenn bei uns Alles in der Redout ist — (Lorenz bemerkend.) Was der Tölpel dort immer herüber zu schau'n hat! (Zu Jakob.) Sag' ihm, daß er arbeiten soll.

Scene 31.
Vorige. Tatelhuber (von links). **Geck** (von rechts aus dem Hintergrunde, Beide sind als Holzhackerweiber angezogen),

Jakob. Da kommen schon die Weiber; jetzt fangen wir an, Lorenz, es ist Zeit.

Geck. Jetzt soll meinen Argusaugen nichts entgehen.

Tatelhuber. Jetzt will ich als schönes Geschlecht verkleidet zum Besten der Sepherl handeln.

Jakob (zu Tatelhuber und Geck). G'schwind, Weiber,
schaut's zum Holzschneiden, macht's, daß was für einander
kommt.

(Geck und Tatelhuber nehmen die Sägen nach Art der Holzweiber
zwischen die Beine und fangen zu arbeiten an; Katherl beobachtet
Beide, verschmitzt lachend, indem sie sich die Butte zum Holztragen
auf einen Schemel stellt. Lorenz hackt. Jakob wird von Heinrich
zur geheimen Unterredung bei Seite nach dem Vordergrunde links
gezogen, mit den letzten Worten Jakob's beginnt charakteristische Musik
welche das Tableau begleitet.)

(Der Vorhang fällt.)

Zweiter Aufzug.

(Ein Zimmer in einem Vorstadtwirthshause, im Hintergrunde eine
Bogenwand, durch welche der Eingang in den Tanzsaal ist. Alles
ist faschingsmäßig erleuchtet, der Bogen mit Papierkränzen aufgeputzt;
in der Bogenwand links der allgemeine Eingang.)

Scene 1.

Wäschermädchen, darunter Nani und ihre Liebhaber.

Chor.

Lustig muß's zugeh'n auf'm Saal,
Fasching ist's Jahr nur einmal,
Der Tanz ist a Pracht überhaupt,
D'rum tanzt muß werd'n, daß Alles staubt.
Wenn man ein'n Ton von der Geigen nur hört,
Hebt's Ein'm gleich schuhhoch in d'Höh' von der Erd.
Lustig muß's zugehn auf'm Saal,
Fasching ist's Jahr nur einmal.

(Tanzmusik ertönt im Hintergrunde.)

Alle. Zum Tanz! Juchhe! Zum Tanz!

(Alle ab.)

Scene 2.

Nani. Dann Lorenz.

Nani (allein). Da hupfen's hin, die leichtsinnigen Ge-

schöpfe; ich begreife nicht, wie man in den letzten Faschings=
tagen noch so lustig sein kann. Morgen ist der Faschings=
dienstag, das ist der Sterbetag des Faschings, und mit ihm
wird für jede Uebriggebliebene eine fehlgeschlagene Hoffnung
begraben. Wie viele Fasching werde ich noch mit ledigem
Gesicht erblicken? Schad', daß es jetzt keine Feen mehr
giebt, zu denen man sagen könnt': „Mächtige Beherrscherinnen
der Lüfte, zeigt mir den meinigen Zukünftigen, laßt ihn er=
scheinen vor mir im vollsten Glanze seiner Schönheit!"

Lorenz (tritt von der Straße ein, ohne Nani zu bemerken).
Da bin ich. Mein Berufsgeschäft ist aus, die Herzens=
geschäfte fangen erst in einer halben Stund' an, ich muß
die Zwischenzeit auf eine nützliche Weise ausfüllen. (Ruft.)
A Seitel Sechser!

Nani (für sich). Ich hab' eine völlige Beklemmung
kriegt, ich fordere das Schicksal heraus, mir meinen Zu=
künftigen zu zeigen, und der Mußje Lorenz kommt. —
Sollte dies der Mann sein, auf den das Schicksal mit
Fingern zeigt?

Lorenz (sie bemerkend). Die Wäscher=Nani —

Nani (laut). Guten Abend, Herr Lorenz!

Lorenz. Ich thät' gern recht g'sprächig und freundlich
d'rauf sagen: ich wünsch' Ihnen desgleichen; aber ich bin
heut übel aufg'legt, darum erwid're ich den guten Abend,
den Sie mir wünschen, nur mit einer stummen Verbeugung.
(Geht zu einem Tisch, auf welchen mittlerweile der Kellner Wein
hingestellt hat, und trinkt.)

Nani. Da haben's Recht, daß Sie herkommen sind;
wenn man übel aufg'legt ist, nur auf ein'n Ball geh'n, da
giebt sich Alles.

Lorenz Ist das Ball? Wenn ich das g'wußt hätt',
wär' ich gar nicht hergangen. Ich liebe die öffentlichen
Orte nicht; ich geh' daher auch für gewöhnlich immer nur
in die Wirthshäuser, wo ich zu Hauf' bin. Und Bälle kann
ich schon gar nicht leiden, außer Hausbälle, aber natürlich,
da wird unsereins als gemeiner Mensch nicht eing'laden,
und das ist sehr unrecht; denn Leut', die nicht tanzen und
nicht diskuriren, die bloß dasteh'n wie die Stöck', die find't
man auf jedem Hausball, und ich sag': Wenn man Stöck'
einlad't, so könnt man schon ein'm Holzhacker auch die Ehr'

anthun. — Es ließ sich da allerhand d'rüber sagen, aber ich bin nicht aufg'legt zum Reden.

Nani (theilnehmend). Was ist denn dem Herrn Lorenz?

Lorenz (mit sehr finsterer Miene). Ich bin eifersüchtig.

Nani. O weh! Eifersucht ist eine furchtbare Leiden‑schaft. —

Lorenz. Und jede Leidenschaft wird doppelt furchtbar, wenn sie einen Holzhacker angreift. Sie kennen meine Sepherl, ich trau' ihr nicht.

Nani. Ja, da muß halt der Herr Lorenz suchen, sich von Etwas zu überzeugen.

Lorenz. G'rad das will ich nicht; ich will gerecht sein, ohne aber zum Aeußersten zu schreiten. Ueberzeug' ich mich von was, da wär' der Tod d'rauf, das ist als wie um ein'n Kreuzer a Semmel. So aber überzug' ich mich von nichts, sondern ich sekir' sie einen Tag bis auf's Blut, den andern Tag hab' ich's wieder gern, den folgenden wird sie wieder bis auf's Geblüt sekirt, den nächsten Tag wird sie wieder gern gehabt; durch dieses kluge Benehmen bestraf' ich sie für den Fall, daß sie falsch wäre, und be‑glück' sie wieder für den Fall, daß sie schuldlos ist. Das hab' ich schon so ausgetipfelt.

Nani. Das ist wahr, der Mosje Lorenz versteht's, die Weiber zu behandeln.

Lorenz (unwillkürlich warm werdend). Mich g'freut's, daß Sie mir Recht geben. — Sie glauben nicht, Mamsell Nani — (nimmt sie bei der Hand). Sie glauben nicht — (streichelt ihr die Hand).

Nani. Was denn? —

Lorenz (wie früher). Wie heiklich ich bin, wenn die Treue verletzt wird; — denn das ist etwas, Mamsell Nani, (kneipt sie in die Wangen.) was so leicht geschehen ist — und ein Verbrechen (wird immer zärtlicher.) ein Verbrechen — es ließ' sich viel darüber sagen (küßt sie.) aber ich bin heut nicht aufg'legt zum Reden.

Nani (sich lachend losmachend). Wenn's nur sonst gut aufg'legt sein.

Lorenz (über sein Benehmen selbst etwas betroffen). Ich dank' Ihnen, so, so, passabel! (Geht zum Tisch und trinkt ein Glas).

Nani (für sich). Der Mensch braucht gar nichts, als eine Frau, die ihm tüchtig den Herrn zeigt, dann thät' er sich viel glücklicher fühlen; die Sepherl ist keine solche, die zwei Leut' würden unglücklich mit einander. Ich muß da schon ein gut's Werk thun, und muß ihn der Sepherl ab= fischen. Vedremo, sagt immer der junge Italiener, wenn ich ihm die Wäsch' bring', Vedremo, was z'machen ist. (Laut). Herr Lorenz!

Lorenz. Mamsell Nani?

Nani. Sie könnten mir ein'n rechten Gefallen thun.

Lorenz. Mit Vergnügen.

Nani. Ach gehen's, Sie werden wieder nicht wollen.

Lorenz. Ich habe mit Vergnügen gesagt, und wenn ein Mann von Ehre sagt: „mit Vergnügen —"

Nani. Na, sehen Sie: ich wasch' für die Herrenleut', wo die Sepherl dient, —

Lorenz. Ich weiß.

Nani. Ich hab' heut sollen weiße Vorhäng' hin= bringen, die ich zum Putzen hab' g'habt, für sechs Zimmer, ein'n ganzen Korb voll. Fertig sein's, aber ich hab' mir denkt, 's ist auf d'Wochen auch noch Zeit, wenn ich's hintrag'. Jetzt war das heut ein Verdruß und ein Spektakel um die Vorhäng', ich muß sie morgen in aller Früh hintragen; der Tapezier ist b'stellt, — jetzt meinet ich halt, wenn Sie, Herr Lorenz, so gut wären, weil Sie in meiner Näh' logiren und alle Morgen den Weg gehen, — wenn Sie den Korb bei mir abholeten und hintrageten.

Lorenz. Wo die Sepherl ist? Nein, das kann ich nicht thun; da wär's aus auf ewige Zeiten.

Nani. Sie haben Ihr Wort gegeben, mir diese Ge= fälligkeit —

Lorenz. Ich bin nur gefällig, wenn's die Sepherl nicht erfahrt.

Nani. Teufel! Da ist a Furcht bei Haus. Ist die Sepherl so streng?

Lorenz. Unendlich! Das ist auch ein Hauptfehler von ihr. Sie glaubt, was dem Weibe verboten ist, das darf der Mann auch nicht thun. Wie arrogant! Und es ist doch das konträre Verhältniß. Erlaubt sich das Weib das Geringste, so leidet die Ehre des Mannes dabei; jemehr sich aber der

Mann erlaubt, je niederträchtiger als er sie behandelt, und sie erträgt das Ding Alles als stille Dulderin, desto mehr Ehre macht es ihr. Es giebt gar nichts Ausgezeichneteres für ein Weib, als wenn sie im Renommée als stille Dulderin ist.

Nani. Die Sepherl wird halt nicht dieser Meinung sein.

Lorenz. Nein.

Nani. Und glauben Sie mir, ich käm', trotz dieser Ansichten, gut mit Ihnen aus,

Lorenz. O, ich bin and'rerseits wieder ein Mann, den man um die Finger wickeln kann.

Nani (bei Seite). Wenn auch just nicht um den Finger wickeln, über'n Daumen drehen gewiß. Mit solchen Narren macht ein pfiffiges Weib erst recht, was sie will. (Laut.) Sie tragen mir also den Waschkorb nicht hin?

Lorenz (in schwerem Kampf). Nein, Nani, nein, nie!

(Man hört Tanzmusik.)

Nani. So machen's doch wenigstens a Tanzel mit mir, da werdens mir doch kein'n Korb geben?

Lorenz. Ich hab' seit meinem sechsten Jahr' aufg'hört zu tanzen.

Nani. Aber hören's, es werden g'rad die Unwider-stehlichen aufg'spielt.

Lorenz. So bescheiden dieser Titel auch ist, mich lockt er nicht, ich wiedersteh'!

Nani. Das ist mir unbegreiflich, wie man zum Walzen keine Passion haben kann!

Lorenz. Ich wälze mich nie.

Duett.

Lorenz.

Ich mag nicht, mein Schatz, ich tanz' keinen Schritt,
Ich hab' schon Nein g'sagt, geben's ein'n Fried.

Nani.

Wenn ich schön bitt!

Lorenz.

Was 's jetzt all's für Walzer giebt,
Nein, das ist auf Ehr' a G'spaß,
Wenn ich nur die Titel les'
Fall' ich völlig in die Fras.

Trauerdeutsche hab'n wir schon,
Doch dabei wird's noch nicht bleib'n.
Verzweiflungs-Walzer
Wer'ns sicher auch bald schreib'n,
Dann wer'n auch Familienwalzer jetzt komponirt,
Wo vor All'm das Kinderg'schrei ganz deutlich ausdruckt wird,
Dann sieht man b' Mutter auf'm Ball das Geld verschlag'n,
Und bei'm Coda den Mann in's Versatzamt was trag'n.
'S druckt zum Schluß noch eine Wendung
Musikalisch aus die Pfändung,
A paar Gäng' bezeichnen den Protest
Der Schlußakkord gar den Arrest.
Und über die Tänzer muß man lachen,
Bei'm Cotillon gar, wenn's ein'n machen;
Die Vortänzer plag'n sich mit die Tour'n
Und 's ruinir'n a paar Patschen jeb'smal die Figur'n. —
Einmal war das nit so arg,
Aber jetzt wird in b'Wirthshäuser
Den ganzen Tag fort musicirt;
'S mag ka Gast jetzt a Rostbratel fast mehr verzehr'n
Wenn er nicht dabei kann a paar Deutsche anhör'n.
Dublie, dublie, dublie, dublie!
Das ist der wahre Ton! Dublie!
Fangen's zum Geigen an — Dublie!
Hupft All's, was hupfen kann — Dublie!
Das ist jetzt der Ton. —
D' Leut' thun nicht nur 's Geld verschnalzen,
Auch die Gesundheit büßen's ein,
Denn alle Doktor sag'n: Das Walzen
Soll so gut für b' Lungel sein.
Fräulein giebt's, die flieg'n wie närrisch um,
Den ganzen Fasching geht's von Saal zu Saal herum,
Das geht b'rauf los, als wenn die Brust von Eisen wär',
Im Frühjahr kagazens mit'n Selterplutzer daher. —
Was im Dreivierteltakt
Oft für Diskurs g'führt wer'n,
Die Musik deckt das All's,
Man kann nix hör'n.
Der Papa, statt daß er Acht geb'n thut auf's Mabel,
Sitzt im Speis'saal b'rin und schoppt sich an mit Bratel,

Und d' Mama, recht aufgeputzt, ist a alte Gretel,
Hat noch selber nix als Liebhaber im Schädel;
Unterdessen thut die Fräulein Tochter trachten,
Daß s' die Zeit benutzt zum Kokettir'n und Schmachten,
Und der G'schwuf sagt: „Kann ich Sie nicht seh'n alleinig?
Wenn Sie ausgeh'n, Engel, ohne d'Eltern, mein ich."
'S Madel sagt im Tanzen: „Wenn's mich wahrhaft lieben,
Warten's morgen um halb drei bei'm Eckhaus d'rüben,
Ich sag' z'Haus, ich geh' in's Gewölb, ein'n Topf mir holen,
Und auf die Art können wir uns seh'n verstohlen."
Jetzt schwört er ihr gleich hoch und theuer,
Seine Neigung ist ungeheuer!
Ledig warst Du schon am längsten,
Mein wirst Du, hab' keine Aengsten!
Auf meine Güter, dort flieh'n wir hin —
Derweil ist er aus einer Offizin.
Das Madel glaubt Alles auf's Wort,
Tanzt in einer Seligkeit fort:
Dudlie, dudlie, dudlie, dudlie!
Ja, so wird beim Dreivierteltakt oft diskurirt,
D'rum sei'n Viele auf's Tanzen so stark passionirt.
(Nani in den Tanzsaal, Lorenz zur Eingangsthür ab.)

Scene 3.
(Zimmer in Helenens Hause, wie im ersten Aufzuge.)

Helene. Rosine (von der Seite).

Helene (in sehr elegantem Masken-Anzuge). Nun, unter die geschmacklosen Masken wird die meinige eben nicht gehören?

Rosine. Göttlich sehen Euer Gnaden aus; wenn Euer Gnaden eintreten, das wird sein, als ob die Sonn' am Himmel aufging!

Helene. Du bist eine Schmeichlerin.

Rosine. Fragen Euer Gnaden den Herrn von Geck, der wird das bestätigen, was ich sag'!

Helene. Der gute Mensch! Ich kann Dir nicht sagen, wie ich überrascht war, als ich Nachmittags an's Fenster trat, die Züge des Weibes auf der Straße mir auffielen, immer bekannter wurden, und ich endlich an einem Seufzer, der ihm unwillkürlich entschlüpfte, Herrn von Geck erkannte.

Rosine. Als altes Weib verkleidet einen ganzen Tag unter den Fenstern der Angebeteten zuzubringen, das ist wirklich eine höchst romantische Idee.

Helene. Ich war so gerührt, daß ich unserer Miß= helligkeit von heute Morgen gar nicht mehr gedachte.

Rosine. Er war auch gewiß unschuldig; die Bauerndirne, die Sepherl, benimmt sich gegen alle Männer so aufbringlich.

Scene 4.

Vorige. Sepherl (tritt, einen Mantel in der Hand, zur Mitte ein).

Sepherl. Da ist der Mantel für Herrn von Tatel= huber.

Helene. Den lasse Sie im Vorzimmer liegen; gehört der hier herein? Ungeschliffenes Ding, bekommt Sie denn gar keine Lebensart?

Sepherl. Aergern sich Euer Gnaden nicht, Sie haben mich ja am längsten gehabt.

Helene. Ich werde wirklich froh sein, wenn der Alte Sie wieder auf's Land hinaus nimmt.

Sepherl (für sich). Ich auch, da kann sich die gnädige Frau d'rauf verlassen.

Helene. Und daß Sie heute Nacht nicht schläft wie ein Sack und gleich bei der Hand ist, wenn das Kind auf= wachen sollte.

Rosine. O, sorgen sich Euer Gnaden darum nicht; ich bin immer um den kleinen Engel, und werde jeden seiner Athemzüge belauschen.

Helene (zu Rosinen). Auf Dich kann ich mich verlassen, Du fühlst eine Liebe für das Kind, deren ein so rohes Ding gar nicht fähig ist. (Zu Sepherl.) Nun? Auf was wartet Sie noch?

(Sepherl geht zur Mitte ab.)

Scene 5.

Helene. Rosine.

Rosine. Mir scheint, sie ist neugierig, den Chevalier en masque zu sehen.

Helene. Ich freue mich unendlich auf die heutige

Redoute, die soll mir Gelegenheit geben, meinen Mann so recht auf's Blut zu quälen. Stell' Dir vor, er ist auf Herrn von Geck eifersüchtig, und wagt es jetzt, weil ihm die Nähe seines ungehobelten Vaters etwas Muth giebt, einige Autorität gegen mich zeigen zu wollen.

Rosine. Das ist im gleichen Grade lächerlich und strafbar.

Helene. Wo ist der Chevalier?

Rosine. Er maskirt sich d'rüben bei'm gnädigen Herrn. Mir scheint — ja, — da ist er schon.

Scene 6.

Vorige. Geck (als Schäfer maskirt, die Larve in der Hand, tritt eilig zur Mitte ein).

Geck. Meine Gnädige, unsere Toilette ist beendigt, ich bin vorausgeeilt, die Ihrige zu bewundern.

Helene. Der feinste, geläuterte Geschmack spricht sich in Ihren Urtheilen über Damen=Toiletten aus.

Geck. Hier wird der Richter von der Schönheit Strahl geblendet, zum Bewunderer, und möchte anbetend zu Ihren Füßen sinken, wenn er nicht wüßte, daß der Gemahl ihm auf dem Fuße folgt.

Helene. Ich weiß nicht, was mein Gemahl —

Geck. Ich höre ihn kommen.

Scene 7.

Vorige. Tatelhuber (als Harlekin). Philipp (im Domino maskirt, Beide die Larven in der Hand).

Philipp (zu Helene). Wir sind bereit, wenn es Dir gefällig ist —

Tatelhuber. Das wird ein Hauptjux werden! Der Verwalter und der Kastner von uns draußen sind auch herein=g'fahren, die kommen auf die Redout'.

Geck. Die müssen Sie recht setiren.

Tatelhuber. Ich red' gar nichts, wenn ich's seh', ich werd's nur immer mit der Pritschen hinaufhau'n, da werden sie sich die Köpf' zerbrechen: wer muß denn das sein?

Geck. Wenn sie Sie nur nicht erkennen?

Tatelhuber. Keine Möglichkeit! Sie wissen, daß ich

ein dicker, bejahrter Mann bin, und ein Harlekin ist ein schlanker, wißer Bursch, ich hab' darum diese Maske ausgesucht.

Philipp. Es ist schon sehr spät, gleich zwölf Uhr, wir werden als die Letzten erscheinen.

Geck. Das scheint die Absicht der gnädigen Frau zu sein. Aus Mitleid mit den Uebrigen hat sie diese Stunde gewählt, denn ehe sie kommt, mag noch so manche Andere gefallen, interessant erscheinen; doch in dem Augenblick, als sie eintritt, schwindet der Glanz dieser Sternchen vor dem Sonnenlichte ihres Schönheitszaubers. (Küßt ihr die Hand.)

Tatelhuber (haut ihm einen kleinen Hieb mit der Pritsche hinauf). Da hast Eine, Du öder Ding.

Geck (etwas beleidigt). Mein Herr, was thun Sie?

Tatelhuber. Ich hab' nur probirt, wie ich den Verwalter sekiren werd'.

Scene 8.

Vorige. Sepherl (tritt zur Mitte ein).

Sepherl. Ich bitt' Euer Gnaden, der Kutscher — (Erblickt Tatelhuber und bricht über seinen Anzug in lautes Gelächter aus.) Ach! Das ist zu stark!

Helene. Ungeschliffenes Ding, was ist's?

Sepherl. Nein, wie haben's denn den Herrn von Tatelhuber ang'legt? (Lacht.)

Helene. Wird Sie reden, oder? —

Sepherl (spricht, indem sie immer bemüht ist, das Lachen zu unterdrücken). Der Kutscher, Euer Gnaden — der Kutscher will ausspannen.

Philipp. Wie so?

Sepherl. Er glaubt's gar nicht, daß mehr g'fahren wird.

Helene. Wir kommen gleich. Vom Kleinen muß ich nur noch Abschied nehmen. (Geht rechts ab.)

Philipp. Ich auch. (Folgt ihr.)

Geck. Auch mir wird vergönnt sein, dem schlafenden Engel einen Kuß zuzuwerfen. (Folgt Beiden.)

Scene 9.

Sepherl. Tatelhuber.

Sepherl (lachend). Der Aufzug! Wenn Sie so durch unser Ort gingen, ich glaub', alle Küh' wurden rebellisch.

Tatelhuber. Weißt', das ist wegen der Redout'; jetzt haben wir aber was Ernsthaftes mit einander zu sprechen.

Sepherl. Ich kann nicht ernsthaft reden mit Ihnen, wann's wie ein Faschingsnarr ausschau'n.

Tatelhuber. In der Stadt muß man allerhand mit= machen.

Sepherl. Ich hab' nix mitgemacht.

Tatelhuber. Du mußt wissen, das ist heut schon die zweite Verkleidung, in der ich bin.

Sepherl (erstaunt). Zweite Verkleidung?

Tatelhuber. Vorher hab' ich den ganzen Tag als Holzweib an der Seite Deines Lorenz gearbeitet.

Sepherl. Nicht möglich!

Tatelhuber. Ich hab' es gethan, um sein Gemüth zu erforschen, denn mir wär' leid, Sepherl, ich nimm so viel Antheil an Dir —

Sepherl. Na, und wie finden Sie ihn?

Tatelhuber. Sepherl, ich sag' Dir nur das: er ist Deiner nicht würdig.

Sepherl. Ach, hören's auf, aus Ihnen red't noch der Zorn, weil er Ihnen hinausgeworfen hat.

Tatelhuber. Glaub' mir, Sepherl, das Hinauswerfen bin ich gewöhnt; aber er ist Deiner nicht würdig. Er ist erstens ein roher Mensch —

Sepherl. Na, ich g'hör' ja auch nicht zu die Nobel= gebildeten. Wenn er mich nur gern hat.

Tatelhuber. Glaub' mir, Sepherl, ein roher Mann, wird er auch noch so sehr am Feuer der Liebe gebraten, es wird nie etwas Genießbares d'raus. Dann ist er heftig, ungestüm —

Sepherl. Ein Bissel rappelköpfisch, das macht nix.

Tatelhuber. Und für Dich, mein' ich halt, wär' eher ein stiller, ruhiger Mensch. Schau, Sepherl, ich wüßte Einen für Dich, (sich selbst darunter meinend) einen recht stillen, außerordentlich ruhigen Mann, so g'setzt, wirklich ungeheuer g'setzt.

Sepherl (ohne ihn zu verstehen). Ich g'hör' mein'm Lorenz; ich will von kein'm Andern was wissen.

Tatelhuber. Und dann hat er auch einen Haupt= fehler; er trinkt.

Sepherl. Das zeigt, daß er Durst hat, das ist nichts Unrecht's.

Tatelhuber. Der Durst ist nichts Unrecht's, aber wenn man ihn mit Branntwein löscht —

Sepherl. Er muß oft den ganzen Tag in der Kälten arbeiten —

Tatelhuber. Hast Du aber auch das überlegt? Die Männer, die in der Kälten arbeiten und dann Schnaps trinken, die kommen meistens in der Hitz' z'Haus und prü= geln die Weiber.

Sepherl. Ein braves Weib giebt ihren Mann noch nicht auf, selbst wenn's schon Schläg' kriegt hat von ihm, und ich sollt' von mein'm Liebhaber lassen, weil ich vielleicht einmal Schläg' kriegen könnt'? Nein, das ist zu weit herg'holt. Wenn ein Mann nur brav ist und treu, alles Andere macht nichts.

Tatelhuber. Ueber diesen Punkt freilich kann ich ihm nur das beste Zeugniß geben.

Sepherl. Wie so? Hat sich eine Versuchung ereignet?

Tatelhuber. Ich war den ganzen Tag als Holzweib um ihn, ich kann mich aber nicht der geringsten Zärtlichkeit von seiner Seiten rühmen.

Sepherl (lachend). O je, da möcht' ich Ihnen g'seh'n haben.

Helene (ruft von Innen). Sepherl!

Sepherl. Ich muß hinein!

Tatelhuber (sie aufhaltend). Und dem ruhigen, ge= setzten Mann, von dem ich Dir früher g'sagt hab', dem darf ich gar keine Hoffnung geben?

Sepherl. Nein, gar keine, ich bin schon ein für alle Mal versagt.

Tatelhuber. Das wird aber den gesetzten Mann sehr aufbringen.

Sepherl. Ist mir leid, aber wegen mir braucht er sich gar nicht zu inkommodiren. (Zur Seite rechts ab.)

Scene 10.

Tatelhuber (allein). Mir scheint, sie hat mich nicht verstanden, was ich will, ich hätt' mich sollen deutlicher expliciren. Ach nein, es ist g'scheiter so, vielleicht hätt's

mich abtrumpft, ich möcht' das nicht riskiren. Ich bin
nicht mehr in der ersten Blüthe, ich zähle schon einige
Jahre, just nicht gar extra viel, aber so a vier
Dutzend und a sieben Paar Einschichtige werden's sein.
Und das ist halt ein alter Grundsatz von mir, nur nix
riskiren; wenn ich das wollt', was hätt' ich schon Alles für
Glück machen können, sowohl in der Lieb', als außer der
Lieb', aber was bei mir nicht Nummer Sicher geht, das
thu' ich nicht.

Lied.

Einmal hätt' ich a reiche Partie machen soll'n,
Man hat mir a Wittib dazu anempfohl'n,
Die ein'n neunz'gjähr'gen Vetter hat g'habt zum Beerb'n;
Denk' ich mir: wer weiß, wenn der Vetter könnt' sterb'n,
Und ich hätt's ohne Geld auf'm Hals, das wär' a
G'schicht', —
Soll ich das riskir'n? — Nein justament nicht!

Wer weiß, wie viel Herrschaften ich g'wonnen schon hätt',
Wenn ich so wie and're Leut' Loos nehmen thät';
Aber's Loos kost' a Fünferl, und wer steht mir gut,
Daß der Waiselbub 's meine g'rad aufsazieh'n thut;
Er wär' im Stand und laßt's drinnet, das wär' so a
G'schicht', —
Soll ich das riskir'n? — Nein justament nicht!

Vorig's Jahr — ich bin damals viel jünger noch g'west,
Ist ein' englische Dam' durchg'reist durch unser Nest;
Die war jung und bildschön und a zehn Million'n reich;
Ich wollt' schon zu ihr hingeh'n, doch mein' G'stalt, denk'
ich gleich,
Wer weiß, ob's dem englischen G'schmack g'rad' entspricht —
Soll ich das riskir'n? — Nein, justament nicht!

Wenn ich am ersten Mai im Prater mitlaufen thät',
Wer weiß, wie oft ich schon den Preis g'wonnen hätt';
Doch mir könnt' das Malheur passir'n, daß ich gleich d'runt'
Bei'm ersten Kaffehaus nit weiter mehr kunnt',
Ich müßt steh'n bleib'n und ausschnaufen, das wär' a
G'schicht'; —
Soll ich das riskir'n? — Nein justament nicht!

Ich hab' über a Schwäche im Kopf oft geklagt;
Kalte Bäder nur brauchen, hat der Doktor gesagt,
A paar Monat in's Eiswasser stecken die Stirn,
Das frischt den Verstand auf, — ich will's schon probir'n:
Denk' ich mir, er könnt' ganz eing'friern, das wär' a
                                G'schicht, —
Soll ich das riskir'n? — Nein justament nicht!

Ich soll noch was singen, es ist mir ein' Ehr',
Wie leicht aber könnt' ich da hab'n ein Malheur;
Es soll immer besser wer'n, und mir wär' lad,
Wann b' Leut' nachher sag'n, „'s letzte G'setzel war fad,
Für was hat er denn g'sungen die balkete G'schicht?" —
Soll ich das riskir'n? — Nein justament nicht!

               (Geht ab.)

Scene 11.

(Vorsaal in demselben Hause. Im Hintergrunde der allgemeine Eingang, rechts und links auf jeder Seite zwei Seitenthüren. Die vordere Thür rechts führt in Sepherls Zimmer, die hintere in die Küche; die vordere Thür links führt in die Kinderstube, die hintere in ein Kabinet. Mit der Verwandlung beginnt eine kurze, düstere Melodram-Musik, welche mit dem Ruf eines entfernten Nachtwächters, der Mitternacht verkündet, endigt.)

Sepherl (kommt aus ihrem Zimmer).

Sepherl. Es muß schon Zwölfe sein. Nach Achte hab' ich den Lorenz b'stellt; der wird schon den ganzen Garten niedergerissen haben vor Ungeduld, und ich hab' keine Schuld, sie waren ja nicht zum Weiterbringen. Der Heinrich wird wohl schon zu der Mamsell Rosin' geschlichen sein, das ist kein Zweifel; jetzt will ich nur durch's Kuchelfenster in'n Garten hinunterguden, ob er noch wartet, und dann — (geht zur Seitenthür rechts rückwärts, — innehaltend). Da kommt wer, — (bleibt, nach dem Hintergrunde horchend, stehen). Das ist gewiß der Heinrich, — schau, schau, ist der noch nicht bei der Rosine? Den wollen wir erst durchlassen. (Ab in ihr Zimmer.)

Scene 12.

Heinrich, Jakob, Katherl (zur Mitte)

Heinrich (in schwarzer Kalendermaske, ohne Larve, mit einer Laterne in der Hand). Jetzt macht's Euere Sachen g'scheit! 's

Kindszimmer ist dort, aber da ist dem Stubenmädel sein's, geht derweil da hinein. (Zeigt auf links rückwärts.) Da ist Niemand drin. G'radaus führt eine Thür, die geht Euch nichts an; gleich rechts aber ist eine Spalierthür, die führt in's Zimmer, wo der Kleine schläft. Ihr bleibt's also indessen in dieser Kammer, (auf links rückwärts deutend) und wenn Ihr hört, daß ich mit einem Frauenzimmer da herausgeh', (nach der Mitte zeigend) ich werd' schon recht laut reden im Fortgeh'n, dann geht Ihr da drin durch die Spalierthür in's Kindszimmer, und nehmt das Kind sammt dem Korbe, in dem es schläft; Kinder haben einen festen Schlaf, vom Aufwachen ist keine Red'. D'rin brennt die Nachtlampen, und da stell' ich Euch meine Latern' her, (stellt sie auf einen Tisch rechts) damit Ihr über die Stiegen hinunter findet. Das Hansthor laß ich Euch offen.

Jakob. Gut, ich bin der Mann, der um's Geld Alles thut. Aber wo kommen wir hernach zusamm'?

Heinrich. Ihr bringt das Kind auf den Holzplatz am End' der Liniengrabengassen, da wartet Ihr auf mich, und ich führ' Euch an den Ort, wo der Herr von Taubenherz mit dem Reisewagen wartet.

Jakob. 's Geld können wir ja aber gleich jetzt theilen.

Heinrich. Dummkopf, ich hab's ja noch nicht. Wir bekommen's erst, wenn wir den Korb überbringen.

Jakob. Ja so! Das ist ein anderer Kaffee.

Heinrich. Jetzt macht's, daß Ihr hineinkommt. (Drängt Jakob und Katherl in die Seitenthür links rückwärts.)

Scene 13.

Heinrich (allein).

Heinrich. Das ging' mir ab, ich werd' theilen mit Dir? — Dummer Schuft! Das Geld hab' ich schon, und behalt' es für mich allein; wenn der gute Herr von Taubenherz Umstände macht, und den nicht extra bezahlen will, dann wehe ihm! (Geht zur vorderen Seitenthür links und ruft.) Rosin'! — Mamsell Rosin'!

Scene 14.

Voriger. Rosine (im Maskenanzug, die Larve in der Hand, aus der Seite vorne links).

Rosine. Da bin ich schon, Musje Heinrich!

Heinrich. Ach, als reizende Schweizerin! Charmant! Wenn man maskirt geht, nur was Charakteristisches. Schäfe= rinnen, Gärtnerinnen, Schweizerinnen und Tyrolerinnen, das waren von jeher die solidesten Masken

Rosine. Ich muß Ihnen sagen, Musje Heinrich, das Kind schläft, aber mir ist so ängstlich um's Herz; da fühlen Sie —

Heinrich. Sei'n Sie nicht kindisch, was hat das weiter auf sich, wenn man die Herrschaft ein wenig hinter's Licht führt?

Rosine. Und lassen wir da Alles offen?

Heinrich. Warum denn nicht? Wir sperren ja die Hausthür zu, und nehmen den Schlüssel mit. Eh' die Herrenleut' nach Haus' kommen, sind wir Beide wieder da. Jetzt dürfen wir aber keine Zeit mehr verlieren. (Spricht sehr laut, um Jakob das verabredete Zeichen dadurch zu geben). Ich kann's gar nicht erwarten, bis ich mit Ihnen auf der Redout' bin.

Rosine. Um's Himmelswillen, schreien's doch nicht so! —

Heinrich. Ich hab' mich in der Extase vergessen. (Beide zur Mitte ab.)

Scene 15.

Sepherl (hat schon etwas früher aus ihrer Thür gesehen und tritt heraus).

Sepherl. Ich glaub' gar, die geh'n auf die Redout'! Nein, so ein Leichtsinn! Lassen's das Kind allein und Alles in Angel offen, das sind doch schlechte Leut'. Uebri= gens, ich bin froh, daß sie fort sein, denn sie verrathen mich wegen Lorenz. — Wenn der nur nicht schon die Un= geduld kriegt hat und ist fort; — hm, 's wär' sogar besser, wenn er fort wär', — um diese Stund', das schickt sich ein= mal gar nicht. — Dann wär' ich aber da ganz mutterseelen= allein im ganzen Haus, — da kunnt mir völlig ent'risch werden, — ich glaub', mir ist schon ent'risch. — Ha! was war das? — Ist das nur die Angst, oder tappt wirklich da drin was herum? — Ich höre wispeln, — es wird doch — (zieht sich nach ihrer Thür zurück) nicht etwa gar umgeh'n? (in höchster Angst). G'spenster sein's, — 's kommt immer näher. (Schlüpft wieder in ihr Zimmer.)

Scene 16.

Jakob, Katherl (aus der Seitenthür links vorn, sie tragen einen mit grünem Seidenflor bedeckten Wiegenkorb).

Katherl (leise). Nur Acht geben, daß dem Kind nix g'schieht.

Jakob (ebenso). Halt's Maul und nimm die Latern' dort mit.

Katherl. Ja: aber halt nur den Korb g'rad; daß das Kind —

Jakob. Halt's Maul, sag' ich!

Katherl. Was kann ich davor? Ich hab' halt gleich so ein Mitleid, wenn ein'm Kind was g'schieht. (Nimmt die Laterne vom Tisch.) So!

Jakob. Wie wir bei'm Hausthor draußt sein, blas't Du die Latern' aus.

(Beide zur Mitte ab.)

Scene 17.

Sepherl (tritt in großer Beängstigung wieder heraus, sich die Augen reibend, als ob sie nicht klar gesehen hätte).

Sepherl. Nein, das waren keine G'spenster, das waren Menschen, fremde Menschen, — Dieb'! — Ach Gott! Und ich bin allein im ganzen Haus. — Sie haben was g'stohlen; wenn ich nur wüßt', ob noch mehr da drin sind; — ich wag's, ich geh' hinein, — 's ist meine Schuldigkeit. (Faßt sich ein Herz und geht in die Seitenthür links vorn ab; nach einer Pause stürzt sie heraus.) Hilf Himmel! das Kind ist fort, sie haben's mit'm Korb fortgetragen, — ach, das ist mein Tod! — sie bringen's um! — Die armen Eltern! — Lieber Himmel, was fang' ich an? Ich möcht' gern zum Fenster hinausschreien, aber ich hab' kein'n Athem; ich möcht' nachlaufen, aber die Kniee brechen mir zusamm' — mir wird todtenübel. (Sinkt in einen Stuhl.) Ich wollt' ja Alles gern wagen, wenn ich nur aufsteh'n könnt' — mir ist ganz finster vor die Augen – sie werfen's g'wiß in's Wasser! — Wenn mich nur ein Mensch höret! (Mit größter Anstrengung). Lorenz! lieber, einziger Lorenz! Komm zu Hülf'! — Ach, der ist g'wiß schon längst fort! (Sich mühsam aufraffend.) Aber ich muß nach, ich muß die Mörder einholen, ich muß sehen, was aus unser'm Kind wird. Sie haben mich zwar oft ge=

schimpft und ungerecht behandelt hier im Haus, aber was
kann da das Kind davor? Und es ist meinem Wohlthäter
sein Enkel! — Und wenn's mein Tod ist, ich muß nach,
ich muß es retten, oder selber zu Grund geh'n, mag's schon
werden, wie's will. (Stürzt mit dem Licht zur Mitte ab. Die
Bühne bleibt einige Sekunden leer).

Scene 18.

Lorenz (allein).

(Man hört von Innen rechts eine Fensterscheibe einschlagen, nach
einer Weile tritt er aus der Seitenthür rechts rückwärts).

Lorenz. Ich hab' ja da ganz deutlich mein'n Namen
g'hört. — Alles finster — kein Mensch da. — Von halber
Achte bis Viertel auf Eins — ich kann gar nix reden —
alles fippert und toggetzt in mir, — mein ganzes Wesen
löst sich in die enormen Worte auf: Von halber Achte bis
Viertel auf Eins! Es sein nicht ganz fünf Stunden, aber
wenn's ein Liebhaber mit einem Herzen voll Verdacht durch=
passen muß, dann ist es ein so ungeheurer Zeitraum, daß
drei Ewigkeiten sammt Familie kommod Platz haben drin. —
Die Sepherl — sie hat — ganz gewiß — ich bring' nix
heraus — denn — von halber Achte bis Viertel auf Eins!
— Da geht's nicht richtig zu. Der Herr im Haus ist ein
Tagdieb, der Bediente ist ein Filou, die andern Dienstboten
sind mehr Volk als Nation, viel junge Laffen schleichen um
die Madam herum — wenn Einer davon — Sepherl —·
mir geht's im Geist vor, es wird jetzt ein fürchterliches
Gericht gehalten! — Sepherl! — Sepherl! (Vorwärts tappend.)
Willst Dich nicht melden, Du Opfer meiner Rache!? (Geht,
immer mit den Händen vorwärts tappend, in die Seitenthür links
vorne ab. Die Bühne bleibt ein paar Sekunden leer).

Scene 19.

Helene (allein, zur Mitte eintretend).

Helene. Nach Wunsch ist's gegangen. Ich habe
meinen Herrn Gemahl auf die Folterbank der Eifersucht ge=
spannt und alle Grade dieser Tortur empfinden lassen,
zum Schluß noch ein paar Worte von Zahnschmerz hin=
geworfen, darauf mit Herrn von Geck im Gedränge ver=

schwunden; jetzt wird er schon darüber im Klaren sein, daß ich seine Begleitung angenommen.

Scene 20.

Vorige. Geck (rasch zur Mitte eintretend, er ist noch maskirt und hat seinen Mantel übergeworfen).

Geck. Helene! Schöne, himmlische Helene!

Helene. Himmel! Was suchen Sie hier?

Geck. Sie, meine Angebetete, ich bin festgebannt in Ihren Zauberkreis.

Helene. Wie können Sie es wagen, mich zu dieser Stunde —

Geck (ihr zu Füßen stürzend). Die Liebe wagt Alles.

Helene. Augenblicklich verlassen Sie mich!

Geck (ergreift ihre Hand und hält sie fest). Nein, zu reizend ist die Gelegenheit, als daß ich — Geliebte — Göttliche —

Helene. Wenn die Dienstleute — was hab' ich gethan? — Fort von mir! (Reißt sich los und läuft in Sepherl's Zimmer ab. Geck will nach, sie schlägt ihm die Thür vor der Nase zu: man hört das Schloß abschnappen).

Scene 21.

Geck (allein, sich die Nase haltend und zurückprallend). Ver= dammt! Das kann doch unmöglich Ziererei sein: sie hat sich eingeschlossen. Soll ich denn als Anbeter dieser schönen Frau immer nur Tantalusqualen empfinden? Ich möchte bersten vor Aerger; nun muß ich nicht nur mit langer Nase, sondern auch noch mit geschwollener Nase abziehen.

Scene 22.

Geck. Lorenz (aus links rückwärts).

Lorenz. Von halber Achte bis Viertel auf Eins — und jetzt tapp' ich beim Mondlicht aus ein'm Zimmer in's andere, und nirgends eine menschliche Seel'.

Geck (erschrocken). Was giebt's da? Sprach hier Jemand? — Heinrich, bist Du's?

Lorenz (sich fassend mit gedämpfter Stimme). Ja, ich bin's, der Heinrich.

Geck (tritt vor, für sich). Jetzt heißt's, den Rückzug an=

4*

treten, ohne mich zu kompromittiren und die gnädige Frau.
(Zu Lorenz.) Heinrich, sei Er vernünftig und plaud're Er
nicht. Ich habe mich von der Redoute empfohlen, um ein
Stündchen bei der Sepherl zu sein, die mir schon lange ge=
fallen. Du begreifst, daß ich die Sache nicht bekannt werden
lassen möchte. Also schweige, ich verlang' es nicht umsonst.
Es wäre mir auch leid um die Sepherl, wenn sie Verdruß
hätte. Bleibe Du jetzt nur hier, ich finde mich schon hinab.
(Zur Mitte ab.)

Scene 23.

Lorenz (allein).

Lorenz. Also Der? — Bei der Sepherl? Der? -
Während ich von halber Achte bis Viertel auf Eins! —
Rache! Rache! Dort ist ihre Kammer. — Sepherl, jetzt
wird nach den Gesetzen der Ehre gehandelt. (Stürzt an die
Thür rechts vorne und findet sie verschlossen.) Sie hat sich ein=
gesperrt? — Nutzt nichts! (Sprengt die Thür mit einem Tritt
und eilt in die Stube. Man hört nach einem Moment einen Weiber=
schrei, Lorenz kommt wieder heraus.) Es ist geschehen! Liebe,
Ehre, Rache, Alles ist mir in die fünf Finger gefahren.
Sie ist vor Schrecken in Ohnmacht gefallen, das hab' ich
geseh'n, so finster als es war. Es ist aus! (Auf's Herz
zeigend.) Hier regt sich nichts mehr, aber die Ehre steht
triumphirend da auf den Trümmern der Liebe. Jetzt fort,
denselben Weg, den ich gekommen bin, durch's Kuchelfenster
in den Garten, wo ich von halber Achte bis Viertel auf
Eins — (Schlägt sich vor die Stirn und geht in die Seite rechts
rückwärts ab.)

Scene 24.

Geck. Philipp, Tatelhuber.

Geck (noch von außen). Es ist so, wie ich Ihnen sage,
nicht von Bedeutung. (Im Eintreten.) Sie fühlte sich un=
wohl im Gedränge, etwas Zahnschmerz, das Gewühl, die
Hitze, sie wollte Sie Beide im Vergnügen nicht stören, und
da bat sie mich, sie zurück zu begleiten.

Tatelhuber (so wie die beiden Andern in Maske und den
Mantel darüber). Es ist aber doch kurios, mein Sohn —

Philipp. Das hat ja gar nichts zu sagen. (Leise zu

Tatelhuber.) Sie müffen ihm ja nicht merken laffen, daß mich Eiferfucht quälte.

Tatelhuber (leife zu Philipp). Ach nein, ich weiß fchon, von Eiferfucht darf er nix merken. (Laut zu Geck.) Mein Sohn war in der größten Unruhe, und fie ift einmal feine Frau, und nicht die Jhrige.

Philipp (leife ihn am Aermel zupfend). Um's Himmels= willen, Vater! — (Laut zu Geck.) Jch war in Unruhe, weil ich das Unwohlfein meiner Frau vermuthete, und bin Jhnen fehr verbunden.

Tatelhuber (zu Geck). Ein anderes Mal laffen Sie das gut fein, folche Scherwenzlereien —

Philipp (leife). Aber Vater! —

Tatelhuber (ebenfo). Nur ruhig, ich laß' ihm nichts merken. (Laut zu Geck.) Das heißt Unfrieden ftiften; zu was einen Mann eiferfüchtig machen, der eigentlich gar nicht eiferfüchtig fein will.

Philipp (in peinlichfter Verlegenheit). Mein Vater beliebt zu fcherzen.

Geck. Vortrefflich! Das paßt zum Carneval!

Philipp. Aber was ift denn das? Wo ift Heinrich? — Wo Rofine?

Scene 25.

Vorige. Helene (vor Angft fehr angegriffen, das Geficht mit einem Schnupftuch verhüllt, wankt zur Seitenthür rechts vorne heraus).

Helene. Philipp, bift Du da?

Philipp (erfchrocken). Was ift gefcheh'n?

Helene. Jch bin des Todes!

Philipp. Was ift's denn?

Helene. Es muß ein Unglück gefchehen fein. Ein fremder Mann ftürzte in das Zimmer — mir vergingen die Sinne, — ich fürchte, wir find beftohlen, ausgeraubt. —

Philipp. Was fagft Du? (Rufend). Heinrich! Rofine! Sie wird bei dem Kinde eingefchlafen fein. (Geht nach der Kinderftube.)

Helene (von plötzlicher Angft ergriffen). Himmel, das Kind! (Stürzt mit Heftigkeit vor Philipp in die Seitenthür vorne links, Philipp und Tatelhuber folgen eilig.)

Geck (allein). Jch werde sans adieu — (will fort).

(Man hört im Seitenzimmer einen Ausruf des Schreckens.)

Geck (erschrocken). Was ist das?

Tatelhuber (herausstürzend). Zu Hülfe! Räuber! Diebe!

Geck. Himmel! was ist gescheh'n?

Tatelhuber. Drin liegt Alles in Ohnmacht! 'S Kind haben's g'stohl'n — Räuber! — Diebe! — 'S Kind! — ich fall um! — (Er sinkt an dem erschrockenen Geck nieder, welcher ihn mühsam hält und sich gar nicht zu fassen weiß. Die Zwischen-Akt-Musik fällt ein.)

(Der Vorhang fällt.)

Dritter Aufzug.

(Freier Platz in einer entlegenen Vorstadt, mit Holzstößen angefüllt, ein Bretterzaun läuft über die Bühne, in der Mitte desselben am Boden ist ein Brett ausgebrochen. Der Prospekt stellt Küchengärten, welche an die Aue grenzen, vor. In die Seite links führen zwei Wege, ein erhöhter dicht am Zaune, und einer auf ebenem Boden ganz im Vordergrunde. Am Himmel ist der Mond sichtbar, und geht später unter, wie angezeigt. — Man sieht rechts in der Scene ein Wirthshaus, nach einer Weile ruft links in Entfernung ein Nachtwächter drei Uhr, gleich darauf fällt der Nachtwächter rechts ein in noch größerer Entfernung.)

Scene 1.

Lorenz (allein, von rechts kommend). Ich zürn' mich nicht, ich kränk' mich nicht, ich gift' mich nicht, ich lach' nur alleweil — (lacht mit verbissenem Ingrimm). ich begreif' nur nicht, warum der Lacher so einen desperaten Anklang hat. Ich bin ruhig in meinem Innern, recht fidel; ich hab's eigentlich gar nicht nöthig, daß ich herumgeh' d'halbe Nacht als wie ein Wahnsinniger. Ein Mädel hat ihren Liebhaber papiert, dieser Fall hat sich schon vor Erfindung des Papieres millionenmal ereignet, um so mehr jetzt in dieser papiernen Zeit! Der Fall is alltäglich. Nur daß das Mädel g'rad mein Mädel is, und daß ich g'rad der Liebhaber bin, der dem Mädel sein Liebhaber war, das ist das einzige Neue und Verdrießliche in der Sach'. Was thut man in so einer Lage? — Kleine Seelen lamentiren, hochherzige Männer nehmen sich eine Andere, und die ganz großen Geister haben schon immer Eine im Vorrath, so wie es jetzt bei mir der Fall is. Ich war großer Geist, ohne es zu wissen. Wäscherin,

Du warst pränotirt, der Posten ist vakant, ich werde Dir den Schwur der Treue abnehmen, und Du rückst ein als wirkliche beeidete Geliebte. Sie ist noch dort im Wirthshaus; ich geh' jetzt in ihr Haus, die Hausleut' kennen mich, die werden mir den Wäschkorb geben, ich trag' ihn hin, wie sie mich ersucht hat, in's Tatelhuberische Haus, da wird die Sepherl alle Farben spielen vor Gall'. Dictum factum, es bleibt dabei! — Wer hätte sich das träumen lassen, daß es auf diesen Point kommt, daß sie mich so schmählich betrügt, wenn man's so reden g'hört hat b'Sepherl. Ja g'redt wird gar viel in der Welt, aber's Wenigste is wahr.

Lied.

Ein blutjunges G'schöpf nimmt ein'n Millionär
In d'Siebzig — „Ach, Mannerl, ich lieb' dich so sehr,
Ich hab' dich g'heirath," sagt's, indem's ihn hals't
„Weg'n Geld nicht, nein, nur weilst' mir gar so gut g'fall'st;"
Das g'freut den alten Herrn, er wird völlig a Narr, —
Und's ist Alles nit wahr! Und's ist Alles nit wahr!

Ein Mann muß verreisen, die Frau bleibt zu Haus,
Bei'm Abschied, da reißt sie sich b'Haar' völlig aus!
„Eher tausend Mal sterb'n, als Dich einmal betrüg'n!"
Das ruft's ihm noch fünfzehn Mal nach auf der Stieg'n,
Das beruhigt weg'n die Zweifel den Mann ganz und gar, —
Und's ist Alles nit wahr! Und's ist Alles nit wahr.

Ein Mad'l spekulirt allenthalb'n nach ein'm Mann,
Endlich macht auf der Wasserglacis sich Einer an,
Da sagt b'Mama, die nach dem Schwiegersohn schnappt:
„Meine Tochter hat noch nie a Bekanntschaft g'habt,
Die Schuldlose ist erst im sechszehnten Jahr'!" —
Und's ist Alles nit wahr! Und's ist Alles nit wahr!

Ganz abg'schab'n kommt zu ein Direktor nach Wien
Ein Schauspieler und sagt: „Ich komm' jetzt von Berlin,
Von Braunschweig und Hamburg hab' Anträge ich,
In Hannover und Bremen reißt man sich um mich,
In Frankfurt, da warf man mir Kränze sogar" —
Und's ist Alles nit wahr! Und's ist Alles nit wahr!

Der Mann kommt spät heim; „Wo bist g'wesen?" fragt's
Weib;
„Commotion machen," sagt er, „ich mußt's thun, weg'n
mein'm Leib,
Dann war ich im Kaffeehaus, dann begegn't ich ein'm Freund,
Den Freund, den begleit't ich, 's hat der Mond so schön
g'scheint;
Bei ein'm Freund, da verplauscht man sich leicht, das ist
klar," —
Und's ist Alles nit wahr! Und's ist Alles nit wahr!

Das ist so schön, wenn Einer im Bierhaus laut schreit:
Mit der Fräul'n so und so hab' ich a Bestellung g'habt heut,
Bei der Frau war ich gestern, zehn Brief' schreibt 's mir schon,
Und der Ring ist von der, und schaut's das Medaillon, —
Das sind von der Marquisin Stutziwutzka die Haar'," —
Und's ist Alles nit wahr! Und's ist Alles nit wahr!

'S Mabel tragt den Rock kurz, und der Hut geht g'spitzt zu,
'S Mabel red't recht massiv, sagt zu alle Herr'n „Du".
Die Wangen schau'n frisch aus, die Wabel sein dick,
D'ganze Unschuld vom Pusterthal spricht aus ihr'n Blick,
Das muß a Tyrol'rin sein, das ist doch klar —
Und's ist Alles nit wahr! Und's ist Alles nit wahr!

„Mein Weiberl," sagt Mancher, „mein Weiberl ist treu,
Und mein Weiberl das macht mir halt gar kein' Kei'rei,
Und mein Weiberl ist sanft, und mein Weiberl ist gut,
Und ich weiß, daß mein Weiberl Kein'n anschauen thut,
Und mein Buberl, das sieht mir ganz gleich auf a Haar," —
Und's ist Alles nit wahr! Und's ist Alles nit wahr!

(Links ab.)

Scene 2.

Jakob und **Katherl** (treten von rechts auf).

Katherl (trägt den Wiegenkorb). Mann, Mann, mir
kommt die Angst in die Glieder.

Jakob. Sei stad, sonst kommen uns die Nachtwachter
auf's G'nack.

Katherl. Die fürcht' ich weniger, aber die Perſon, die uns bald eing'holt hätt'. —

Jakob. Ach, das war, wie wir uns das erſte Mal verſteckt hab'n. Mir ſcheint, 's war der Dienſtbot' von dort.

Katherl. Wenn uns nur die nicht wieder aufſtoßt.

Jakob. Ach, die iſt auf eine Bank hing'fallen vor ein'm Haus, und hat ſich nicht mehr g'rührt, da is nix zu fürchten.

Katherl (den Korb niederſtellend). Wenn's Kind ein einziges Mal g'ſchrieen hätt', wären wir verrathen g'weſt.

Jakob. Ach, wenn ſo ein Kind ein'n Suzel im Maul hat, ſchlaft's ſo feſt, als wie ein Erwachſener mit ein'm Rauſch; da is vom Aufwachen kein Gedanken.

Katherl. 's iſt nur a Glück, daß die Nacht ſo lau is, ſo ſchad't's ihm doch nicht; ich hab' gar ſo a Lieb zu die Kinder.

Jakob (für ſich). Der Heinrich is nicht kommen an den Ort, wo er uns hinb'ſtellt hat, a paar Stund' faſt hab'n wir paßt, ich merk' Betrug; — wenn er etwa 's Geld ſchon hätt' und wollt' mich prellen um mein'n Theil — dann — ich bin der Mann, der um's Geld Alles thut, wenn's aber nachher nicht ehrlich zugeht, dann — ich ſag' ſonſt nichts, als, dann! — — Wenn ich nur den Platz finden könnt', wo der Herr mit'm Reiſewagen wartet, an den halt' ich mich; aber der Heinrich hat den Platz nicht deutlich g'nug g'ſagt. (Zur Katherl.) Ich ſuch' jetzt die Equipaſchi, Du bleibſt derweil da.

Katherl. Nein, um Alles in der Welt, allein bleib' i nit.

Jakob. Sei ſtad, Du furchtſame Gretel!

Katherl Ich zitt're an Händ' und Füßen.

Jakob. Wenn nur da ein Ort wär', wo man den Korb hinſtellen könnt', bis wir den Wagen g'funden haben, dann könnt'ſt jetzt mitgeh'n. (Hat ſich umgeſehen.) Halt! — Da iſt ein Laden ausgebrochen in dem Zaun, da ſtell'n wir'n hinein.

Katherl. Ja, der Mondſchein is g'rad' im Untergeh'n, 's wird gleich ſtockfinſter ſein; wenn auch wer vorbeigeht, da ſteht der Korb lang' gut.

Jakob (indem er den Korb in den Plankenzaun hineinſchiebt). Mit Dir hat man alleweil Keierei.

Katherl. Ich sag' Dir's, Mann, wenn ich g'wußt hätt', daß so viel G'fahr dabei is —

Jakob. So, jetzt komm'!

Katherl. Ich hätt' Dich's Ganze gar nicht unternehmen lassen.

Jakob. G'fahr hin, G'fahr her! Ich bin der Mann, der um's Geld Alles thut.

(Geht mit Katherl, die sich ängstlich an ihn hält, links auf dem erhöhten Wege ab. Der Mond geht unter, es wird ganz finster.)

Scene 3.

Lorenz (tritt von links ganz vorne auf, er trägt einen Wäschekorb auf dem Kopf, welcher, ziemlich hoch aufgethürmt, dem Korbe, in welchem das Kind sich befindet, sehr ähnlich ist).

Lorenz. Den Wäsch'korb hätt' ich, durch welchen ich der Sepherl jede Hoffnung auf Gnade benehme. Ich muß in der Affaire als Mann von Ehre dastehen, nicht als Rabibub'. Der Rabibub' bricht auch mit seiner Geliebten, versöhnt sich aber hernach wieder; doch wenn der Mann von Ehre bricht, dann ist der Bruch auf immer gebrochen; dieses ist der Hauptunterschied zwischen dem Mann von Ehre und dem Rabibuben. — Ha, diese Musik! — — Dort im Wirthshaus sitzt die Nani und unterhalt't sich, während ich mich abhärm' in Betrachtungen. Na, ich kann ihr's nicht vor übel aufnehmen, denn sie hat ja noch keine Verpflichtungen. — Könnt' aber doch nicht schaden, wenn ich mich ein Bissel in's bunte Gewühl menget und belauschet's, die Nani. — In's Tatelhuberische Haus kann ich ohnedem noch nicht, — 's ist z'fruh. Wenn ich nur derweil den Korb wo unterbringen könnt' — ich stell'n dort über die Planken hinein. (Will den Korb von oben über den Zaun hineinstellen, sieht aber, daß es nicht geht.) So thut's es nicht, von oben g'läng' es nicht, ich werd' da unt' einen Laden roglich machen. (Tappt an die Oeffnung der Planke.) Da is ja schon einer ausbrochen, da geht der Korb prächtig hinein. (Schiebt den Korb in die Oeffnung, wo der Korb mit dem Kinde steht, so, daß dieser, ohne daß Lorenz es bemerkt, zurückgeschoben wird, und der Wäschkorb somit vorne an dem Platz zu stehen kommt, wo der Kinderkorb war.) So! — Und jetzt hin auf den g'schloss'nen Flora=Souvenir=Abendunterhaltungs=Fortuna=Reunions=Ball, und die Nani observirt. (Rechts ab. — Die Musik endet.)

Scene 4.

Taubenherz, Jakob, Katherl (kommen von links den erhöhten Weg herab).

Taubenherz (mit Jakob zankend). Wenn ich Ihm aber schon hundert Mal sage: der Heinrich hat schon das Geld.

Jakob. So sag' ich Ihnen ein für alle Mal d'rauf: das geht mich nix an; der Heinrich ist ein Filou, und Sie zahlen, was ich verlangt hab', sonst —

Taubenherz. Ich werd' doch nicht zwei Mal zahlen?

Jakob. Ich lief're halt den Korb nicht eher aus, bis ich's Geld hab'.

Taubenherz. Ihr eigennütziger Schufte!

Jakob. Schimpfen können's, wie's wollen, das haben's umsonst, aber der Korb kostet Geld.

Taubenherz (giebt ihm mit grimmiger Geberde Geld). Da, Ihr Blutigel, Ihr —

Jakob (das Geld einsteckend). So, jetzt transportiren wir den Korb zum Wagen.

Taubenherz. Wo habt Ihr ihn denn?

Jakob. Da hinter der Planken haben wir'n versteckt. (Geht, den Korb hervor zu ziehen.)

Taubenherz. Das hätt' ich wissen sollen.

Scene 5.

Vorige. **Heinrich** (noch in Maske, einen Mantel darüber, ohne Larve, von Seite rechts kommend).

Heinrich. He, Jakob, bist Du's?

Jakob (mit Katherls Hülfe den vor dem Kinderkorbe stehenden Wäschekorb auf den Kopf nehmend, ohne den Irrthum zu bemerken). Freilich bin ich's.

Taubenherz. Aha! — Heinrich!

Heinrich (zu Jakob). Warum habt's nicht dort gewartet?

Jakob (zu Heinrich). Warum haben Sie uns zwei Stund' stehen lassen?

Taubenherz (zu Heinrich). Warum hat Er dem Mann (auf Jakob zeigend) seinen Antheil nicht gegeben?

Heinrich (sich unwissend stellend). Ich einen Antheil geben? Was Sie mir gezahlt haben, g'hört mir allein.

Taubenherz. Schlingel, das ist wider die Abrede!

Heinrich. Erlauben Sie mir —

Taubenherz. Sogleich giebt er mir den Theil zu= rück, der für den Mann bestimmt war.

Heinrich. Ich was zurückgeben?! Da müßt ich ein Narr sein.

Taubenherz. Schurke! —

Jakob (dazwischen tretend). Still, da wird jetzt nicht disputirt! Das wär's Wahre, ein'n Lärm machen, daß uns b' Nachtwächter hören; sein wir froh, daß's so finster is, daß's uns nicht sehen.

Taubenherz Aber ich muß —

Jakob (schreit). Still! hab' ich g'sagt!

Taubenherz (leise). Nun ja; aber dieser —

Jakob. Vorwärts nach einand!

Taubenherz (mit unterdrücktem Grimm links ab).

Heinrich (folgt ihm, indem er mit gedämpfter Stimme noch mit ihm zankt). So kommt dort zum Wagen.

Katherl (zu Jakob, indem sie Beiden folgen). Halt' nur den Korb hübsch g'rad, daß dem Kind nix g'schieht. (Ab.)

Scene 6.

Schneck und Sepherl (treten von rechts auf).

Sepherl. Ich bin ganz weg vor Angst, — ich kann nicht mehr weiter.

Schneck (mit Laterne und Hellebarde). So bleiben wir da.

Sepherl. Jede Spur ist verloren! (Die Hände ringend.) Was fang' ich an?

Schneck. Warten wir, bis 's Tag wird.

Sepherl. Nein, nein, jede Minute, die wir ver= säumen, kann dem armen Kind das Leben — wir müssen eilen, so viel als möglich eilen.

Scene 7.

Vorige. Luchs (ebenfalls mit Laterne und Hellebarde aus der Seite links ganz vorne kommend).

Luchs. Schneck! Schneck! Bist b' da?

Schneck. Was giebt's?

Luchs. Komm' g'schwind, ich bin ein'm verdächtigen G'sindel auf der Spur. (Nach links gegen den Hintergrund zeigend.)

Dort oben sein's; ich bin den herunter Weg herüberg'loffen, um Dich als Succurs —

Schneck. So warten wir, bis 's Tag wird.

Luchs. Warum nicht gar!

Sepherl. Wenn das etwa die Räuber sind?!

Luchs. Sie wären schon davong'fahren, aber ein Pferd ist über'n Strang g'sprungen, da haben's was z'baudeln. Nur g'schwind!

Sepherl. Fort, fort! Hilf uns, Himmel, vielleicht retten wir das arme Kind. (Läuft links, den erhöhten Weg, ab.)

Schneck (indem er von Luchs nachgezogen wird). Ich sag' halt alleweil, lieber warten, bis Tag wird.

(Beide folgen.)

Scene 8.

(Vorsaal in Helenens Hause, wie am Ende des zweiten Aktes; auf dem Tisch brennen Lichter. Es ist gegen Morgen.)

Tatelhuber. Sepherl (zur Mitte hereinstürzend).

Sepherl. Wir haben's! Wir haben's!

Tatelhuber. 'S Kind?!

Sepherl. Nein, das haben wir noch nicht, aber die Räuber haben wir, die's g'stohlen haben.

Tatelhuber (schroff). Mit der Nachricht kannst Du mir g'stohlen wer'n. Da trau' Dich nicht hinein.

Sepherl. Was? Ich soll mich nicht hineintrau'n? Warum nicht?

Tatelhuber. Du fragst sehr keck, entarteter, über Nacht ausg'bliebener Dienstbot'!

Sepherl (ganz verdutzt). Herr von Tatelhuber — diesen Empfang? —

Tatelhuber. Verdienst Du, denn Du bist, gering gerechnet, eine Schwärmerin.

Sepherl. Ich hab' mit Gefahr meines Lebens —

Tatelhuber. Wär'st Du z'Haus blieb'n, hätt'st auf's Kind Acht geben, wär'st in gar keine G'fahr kommen; so aber — natürlich — wenn's g'schwärmt sein muß, na, so ertrage auch die Folgen der Schwärmerei.

Sepherl. Ich weiß nicht, soll ich weinen, oder soll ich lachen? — Na, Sie werden's schon hören.

Scene 9.

Vorige. **Philipp.** Dann **Geck.**

Philipp (sehr erstaunt aus links vorne). Ich höre sprechen,
— keine Nachricht? — Keine Spur?

Sepherl. Gnädiger Herr —

Geck (durch die Mitte). Ich stürze vom Gericht hierher,
um der Erste zu sein, der die frohe Botschaft —

Philipp. — Ist's möglich! Mein Kind? —

Geck. Hat sich noch nicht gefunden, doch die Thäter
sind bereits in den Händen der Justiz.

Philipp. Ach! So hat meine Frau ihr Kind ver=
loren!

Geck. Ihre Frau wird gewiß ein Kind bekommen.
Herr Taubenherz, Heinrich und noch ein Holzhackerpaar sind
die Schuldigen.

Philipp. Und was ist's mit dem Kinde?

Geck. Unbegreiflicher Weise wissen das die Schuldigen
selbst nicht; sie glaubten fest, daß es sich in dem Korbe be=
finde, mit welchem sie angehalten wurden, allein in demselben
war nichts, als eine Menge Draperien und Wäsche welche
die Sepherl als Ihnen gehörig erkannte, die Sepherl, welche
sich in der Affaire so charmant benommen, daß man ihr
knieend die Huldigung — (will in Extase vor ihr niedersinken).

Scene 10.

Vorige. **Lorenz** (tritt, den Kinderkorb auf dem Kopf tragend,
zur Mitte ein)

Lorenz. Da bring' ich die ganze Wäsch'.

Philipp. Gerechter Himmel! Ist's möglich? (Stürzt
außer sich auf Lorenz und nimmt ihm den Korb ab.)

Tatelhuber und **Sepherl** (in freudigem Staunen). 's
ist da! Das is der Korb!

Philipp (hat in den Korb hineingesehen und ruft in freudigster
Extase). Gefunden! Wiedergefunden! Ich bin der glück=
lichste Mensch auf Erden! Nur geschwind hinein zur Mutter,
die im Schmerz vergeht.

Tatelhuber. Nur g'schwind! Nur g'schwind! (Trägt
mit großer Eilfertigkeit den Korb in die Seitenthür ab. Geck folgt.)

Scene 11.

Lorenz. Sepherl.

Lorenz (allein, für sich). Ist das a G'stanz wegen der Wäsch', 's dürft' kein's a Hemd anz'legen haben, so könnten sie's nicht ärger treiben.

Sepherl (von der Seitenthür, wo man den Korb abtrug, zurückkehrend). Lorenz! Lorenz! Laß Dich umarmen.

Lorenz. Zurück, Natter!

Sepherl (immer im Uebermaß der Freude). Sag' was Du willst, Du hast das Kind gerettet.

Lorenz. Was für ein Kind?

Sepherl. Ach, geh', mach' keine Faxen.

Scene 12.

Vorige. Tatelhuber (zurückkommend).

Tatelhuber. Wo ist er?! An mein Herz, Retter des Kindes! (Umarmt Lorenz stürm.sch.)

Lorenz (ganz verblüfft). Was? —

Tatelhuber. Das hat mich ausg'söhnt mit ihm, er soll's Mädel haben. (Führt ihm Sepherl zu.)

Lorenz. Ja, wenn er's möcht'.

Tatelhuber. Was wär' das?

Lorenz. Fragen Sie's nur, wer von der Redout' zu ihr kommen ist.

Tatelhuber. Sie war ja gar nicht z' Haus.

Sepherl. Ich hab' den Räubern des Kindes nachg'setzt.

Lorenz. Was?!

Tatelhuber. Jetzt erst ist sie nach Haus kommen.

Lorenz. Sie war aus in der Nacht?! Sie ist unschuldig? Wer hat denn nacher die Watschen? — Da herrscht Irrthum, Verleumdung, Truggewebe — und ich — die Verhältnisse erleiden eine gräßliche Umwandlung — Sepherl, jetzt bin ich ein Verbrecher. (Sinkt ihr zu Füßen.)

Sepherl. Aber Lorenz!

Tatelhuber. Was hat er denn?

Scene 13.

Vorige. Helene. Philipp. Geck (aus l. nfs vorne).

Helene. Wo seid Ihr, daß ich Euch meinen unbegrenzten Dank —

Philipp (zu Sepherl). Du braves Mädchen! Der

Chevalier theilte uns mit, was er bei der Behörde erfuhr, mit welcher Aufopferung Du für unser Liebstes besorgt warst. (Zu Lorenz). Wackerer Freund — (sieht Lorenz in desperater Geberde knien). Was ist das? Soeben will ich Euch ver= künden, welch reichen Lohn Euch meine Gemahlin zu= gedacht —

Helene (zu Sepherl). Und daß Du Deinem Geliebten die Hand —

Lorenz. Sie hat keinen Geliebten, sie hat ein Unge= heuer, sie muß mir erst verzeihen.

Sepherl. Was soll ich Dir denn verzeihen?

Lorenz. Das sag' ich nicht.

Helene (zu Sepherl). Kannst Du hart sein gegen den Retter des Kindes, für welches Du selbst so viel gethan?

Geck. Sepherl, wenn auch ich meine Bitten mit denen der gnädigen Frau vereine — (will vor Sepherl auf die Kniee stürzen, erhebt sich aber schnell wieder und wendet sich zu Helene). Verzeihung, gnädige Frau, bald wär' ich vor der Sepherl auf die Knie — Verzeihung! (Stürzt vor Helene nieder.)

Lorenz. Hab' ich denn wirklich ein Kind gerettet?

Tatelhuber. Er ist ganz verwirrt.

Sepherl (zu Lorenz). Ich weiß nicht, was Du hast; steh' auf; aber ung'schaut verzeih' ich Dir Alles.

Lorenz (freudig aufspringend.) Sepherl! (Umarmt sie.)

Philipp. Ein Freudenfest will ich feiern, ein Freudenfest!

Helene (in Philipps Rede fallend). Das mein Entschluß noch erhöhen wird. (Zu Tatelhuber). Ihr Projekt, Vater, die Stadt zu verlassen, welches ich gestern mit Unwillen abge= lehnt, ist jetzt ganz nach meinem Sinn. (Zu Philipp.) Ich folge Dir, wohin Du willst; dann erst, wann ich Deine Verzeihung mir erworben, dann erst sollst Du wieder, aber in einem anderen Sinne, die Worte von mir hören: „Ich bin eine reiche Frau!"

Tatelhuber. So ist's recht, Frau Tochter! — Und dem Herrn — (auf Lorenz zeigend) gratulire ich zu seinem hübschen Weib, er hätte als Holzhacker gar keine bessere Wahl treffen können, denn das Madel ist so brav, so gut und geduldig, daß er auf ihr Holz hacken kann. Victoria, Kinder!

(Unter passender Gruppirung fällt der Vorhang.)